The Boy Who Saw True

看見真相的通靈男孩

有史以來最純真、最稀有、最早的通靈日記

西里爾・史考特（Cyril Scott）——編著
張家瑞——譯

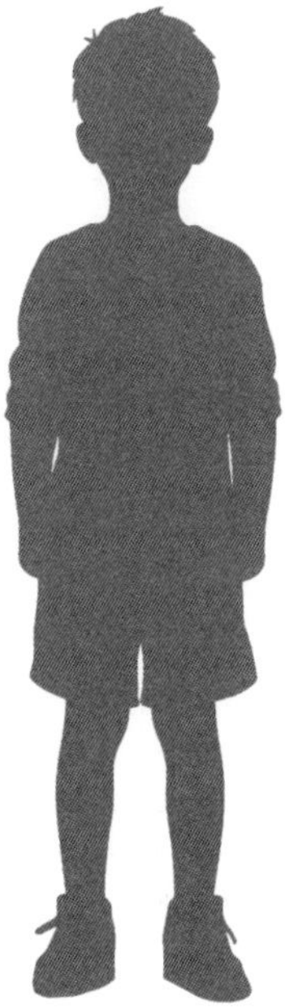

Mystery 57

看見真相的通靈男孩

有史以來最純真、最稀有、最早的通靈日記

原著書名　The Boy Who Saw True
原書編著　西里爾・史考特（Cyril Scott）
譯　　者　張家瑞
中文企編　柿子文化
封面設計　林淑慧
特約美編　顏麟驊
特約編輯　王舒儀
主　　編　劉信宏
總 編 輯　林許文二

出　　版　柿子文化事業有限公司
地　　址　11677臺北市羅斯福路五段158號2樓
業務專線　（02）89314903#15
讀者專線　（02）89314903#9
傳　　真　（02）29319207
郵撥帳號　19822651柿子文化事業有限公司
投稿信箱　editor@persimmonbooks.com.tw
服務信箱　service@persimmonbooks.com.tw

業務行政　鄭淑娟、陳顯中

首版一刷　2024年10月
定　　價　新臺幣450元
I S B N　978-626-7408-67-4

國家圖書館出版品預行編目（CIP）資料

看見真相的通靈男孩：有史以來最純真、最稀有、最早的通靈日記／西里爾・史考特（Cyril Scott）編著；張家瑞譯. -- 一版. -- 臺北市：柿子文化事業有限公司，2024.10
面；　公分. --（Mystery；57）
譯自：The Boy Who Saw True
ISBN 978-626-7408-67-4（平裝）
1. CST：通靈　2. CST：通俗作品
296.1　　　　113011124

推薦序

讓人愛不釋手的真實通靈紀錄

李嗣涔／臺大榮譽教授

我在二〇〇二年第一次看到此書的時候，便愛不釋手，因為當時我正在訓練小朋友手指識字的能力，有四分之一的小朋友經過四天八小時的訓練後，就可以打開第三眼看到另外一個世界。因此，對於本書描述一位天生就有第三眼的小朋友，我感到很好奇也很親切。

這是作者（一個英格蘭小孩）的童年日記，這個男童出生在一個相當富裕的家庭，他的父親雖然是生意人，但是喜歡閱讀，而這個小男孩在很小的時候，就會偷偷溜進書房閱讀遠超過他年齡的書籍。小男孩的母親是個傳統的婦女，保守中帶點固執的習性。小男孩上面有一個大他四歲的姊姊，他倆不時吵架及頂嘴，像一般家庭小孩一樣。

這個日記最可信的是用辭的純真與自然，就像他那個年紀的小孩會有的態度，以及使用一般大人對世界的認知與詞彙。

這個小孩最特殊的地方，是他具有天生的第三眼，可以看到大人身上所發出的光暈，進而判定對方身體是否有問題，也會看到很多靈體來找他傳達信息，被他的家庭老師多次認證，包括老師過世親人的面容樣貌等等。因此，老師鼓勵他寫日記將之記錄下來，成年以後也鼓勵他把日記出版，希望能將靈界的現象、運作的規律等傳達給世人。我特別喜歡他的故事，是因為他所看到的靈界與我花二十五年、以科學方法研究特異功能所了解的靈界非常吻合。

在此，我特別舉一個實際做實驗的例子，來支持小男孩所看到的靈界運作論點。曾經有一個星期天，我在電機系二館一樓會議室做手指識字實驗，當時做實驗的小朋友看到一個靈魂坐在會議室後方。實驗結束後，我請小朋友去跟靈魂溝通，看他有什麼需求，為什麼來這裡。他說他很久沒有吃到食物的味道，很懷念，希望我們能幫他，於是我請一位懂得道家餵食咒的同學，帶這個靈體到學生飯廳去感覺吃飯菜的味道。只是我很懷疑，他的肉體已經死亡了，不再需要吃飯了，為何還想念飯菜的味道，難道是剛死亡嗎？

那一瞬間，我突然想到上星期天一位電機系的同事剛剛因鼻咽癌過世，今天是第七天，似乎是他的靈魂回到電機二館四樓來探望他原來的實驗室及辦公室，因為我們在一樓做實驗，他順便就進來看看有沒有可能得到幫助。由於他是鼻咽癌去世，去世前一段時間都是插管餵食，已經很久沒有嚐到食物的味道，非常想念，因此提出需求。問題是，他已經不需要食物了！但是人識未消，因此還想嚐嚐味道。

這件事證明了小男孩所看到的靈界是真的！第一，靈魂不死，死亡的是肉體，也不會有某些宗教所聲稱靈魂會復生的問題；第二，靈魂會被在世的教條或意念所束縛，至少在剛死亡時，還以為靈界與在世所學是相同的。

還有許多對靈魂的認知，世人不知被誤導已久——小男孩所信仰的宗教尤其嚴重，再比如輪迴之說，小男孩也在日記中記載了他的看法，支持因果輪迴才是宇宙傳承的律法。

我強力推薦讀者好好讀這本書，建立對靈界的正確觀念，過一個比較美滿的人生！

推薦序

不恐怖的超自然通靈經典

張其錚／通靈者、暢銷書《那些靈魂教我的事》、《每個靈魂都有故事》作者

這是百餘年前維多利亞時代，一個通靈小男孩的成長日記。乍看內容初始，可能讓讀者感覺有些瑣碎，但從作者描述童年生活開始，即可跟隨著日記筆觸，逐漸進入並認識通靈者的實際感受，以及描繪其眼中所見之世界、思想觀點等。

然而，不管在哪個時代，人們對「通靈」這個議題，持保守存疑態度者不在少數，加上騙徒、神棍、江湖郎中術士捅出麻煩之多，造成社會動盪不安，因而通靈者在任何描繪及說服過程中，免不了必遭遇挫折、謾罵、存疑、嘲諷與制止！相信許多通靈者可從作者日記裡，亦能體會「感同身受」之無奈悲情。

作者所描繪的通靈世界，大致上與今日光景相去不遠，同樣也有眾多通靈人（非全部）所具備看見光環色彩、判別清晰或混濁光環所代表意義；描述靈的形體與思考模式、感應過去和預知未來、與精靈接觸等特質。另外，也窺見了輪迴與緣分、死後亡靈性格

形塑、靈魂層級、修習和功課、懺悔及懲罰等等。而本書整體核心，個人認為是聚焦「萬物皆有靈」與「能量振動」。從不同的靈體、靈格、靈性、靈想、靈動、靈修當中，不僅呈現「每個靈魂都有故事」，更可從靈的思考性格、情緒表現、想法觀點，引領相關的陽間人類，從前世作為找到今生可能方向，進而延伸至死後世界。甚至連東方社會倚重的因果報應論述，在西方觀點裡也能採集到甚多類似想法，相互之間並不違背。

個人也認為本書最貼心之處，在於部分段落中提供註解整理，便於讀者消化，或者提醒讀者注意，有助於理解作者日記、筆記與信件記錄。

這是一本既不恐怖又很生活的超自然通靈現象經典之作。雖然故事舞台並非現代，而是距離遠在一世紀以上，但可從字裡行間，感受百餘年前的歐洲樣貌，同時幫助讀者認識作者及具有類似經歷的通靈者。要知道，他們大多數人自幼開始，就必須面臨「與眾不同」的成長歷程，無法如一般人那樣自然平凡，經常迎來劇烈波折與起伏，跌跌撞撞，崎嶇不平！然而，儘管不斷受挫，卻也是絕佳養分，因而造就精彩人生故事，並逐步開啟讀者全新視野。

目錄

序言

在我雙重職業（從事音樂作曲和神祕學等領域寫作）的生涯裡，我時常收到來自形形色色人物（大多數是女性）的書稿，他們樂觀的想像著，出自我筆下的序言能為他們的文學作品增添幾許影響力！其中有些人甚至要求我幫忙散布他們（那些作者）是各種顯要人物轉世的說法！那些要求當然被我婉拒了，因為他們的書稿本身就足以證明，這種主張只不過是虛榮心作崇罷了。至於那些與靈魂溝通及預知能力有關的作品，或許對仍想在個人生存方面得到確信的人感興趣，但它們之間的雷同之處，可能會讓已經確信的人感到乏味。

然而，《看見真相的通靈男孩》是一部截然不同的作品，和我讀過的所有上百本通靈類書籍大異其趣，事實上，它是一本饒富趣味的人性紀錄，而那些書裡沒有一本具有這樣的特色。它真誠坦率，詼諧幽默，時而荒謬，時而嘻笑，或許我可以大膽的說，這本書之所以具有說服力，是因為這位年輕的日記作者從未特意去說服任何人。

故事裡早熟的男孩天生具有通靈眼（就像有些孩子具有音樂天賦一樣），可以看到光環和靈魂，不過他不知道別人並沒有這樣的天賦，因此他常常遭受許多誤解和輕侮。但撇開這些不談，這本日記有趣的地方在於，它揭露了一位生長於維多利亞時代的年輕人的思想、情感和茫然。作者堅持要刪除日記裡的許多內容，只保留他認為對大眾有正面助益的部分，但我覺得此舉相當可惜。我甚至懷疑自己被這份手稿戲弄了——儘管我將它借給了許多朋友，而他們都強烈駁斥我這個想法。

對於這麼矛盾的觀點我只能說，在我的一生當中至少認識過三十個人（有些我很熟悉），他們在不同程度上都擁有和那位年輕的日記作者一樣的遼闊視野。而我相信在不久的將來，會有很多孩子具備和他一樣的天賦，而且可能同樣被誤解。此外，「同情心使我們分外善良」，我仍記得我童年時那些茫然的感覺和情緒。順道一提，從占星學的角度來看，我們兩個在出生時都擁有同樣的太陽星座——天秤座，這或許說明了我們具有共同特徵的原因。不過，他的上升星座肯定不同，這也解釋了他驚人的通靈能力。

在此應先敘明作者的遺孀後來所補充的細節。在他過世之前，他的妻子說服他出版這本日記，不過他有條件：要到他過世數年之後才能出版，而且裡頭的一些名字必須更改，因為他不希望讓還活著的親戚及熟人感到尷尬（當任何一個真實名字聽起來有點滑稽時，他會以其他類似的滑稽名字取代，順便自娛娛人，這說明他有很高的幽默感）。

此外，他堅持將第一部分的標點符號修改得更完善，並且「整治」許多段落裡那些只會惹讀者不快、而非帶來娛樂感的錯誤拼字和文法。不過，在有些情況下他允許錯誤的拼字被保留下來，因此如果這些錯誤出現了，我們確實不應該不公地去責備印刷商和校對人員。至於書名，他拒絕使用比現在這個名字聽起來更響亮的稱法；另外，他也拒絕提起作者的身分。他的妻子建議請一位神祕學領域的作家來為這本書寫序，他並不反對，但審慎地認為應該找不到這樣的人！

關於這本日記的作者：他出生於英格蘭北部，父親是一位具有閱讀品味的商人。這個兒子似乎承襲了這種品味，從小就懷有文學方面的抱負，這是本書中出現一些詼諧之處的原因。他會偷偷溜進父親的圖書室裡讀書，但有的書正如他母親將書從他手中拿走時所說：「有些書不適合小孩子。」她無疑是正確的，不過這個早熟男孩「淘氣」的結果，最後變得非常有趣……至少我是這麼認為。

關於作者的生平，我在日記的結尾添加了一些更詳盡的細節。

西里爾．史考特

英格蘭伊斯特本（Eastbourne），一九五二年十二月

中文版編輯說明

針對本書內容眾多註解，說明如下：

1作者小男孩為匿名，作者成年後所作的解說，均隨文以括弧（）標示。

2作者第二任妻子所作的解說，也是隨文以括弧（）標示，但說明前會標上「第二任X太太」字樣。

3英文版編者西里爾．史考特所作註解，均以數字順序符號「❶」表示。

4中文版編輯隨文所作註解，均以符號「（中）」標示。

5針對所提及的靈異現象、事件、對話等，全書均在文句左邊以實線標示。

6中文版特別提示：對於作者日記所提及的靈異現象、事件、對話等，柿子文化總編輯會在該篇日記之後，輔以特別提示說明，格式如左。

本提示試圖希望在保有作者（小男孩）原始日記文字的同時，提供讀者們可以有不同角度，來思索當時日記的樸實記載，實質上可能有透露出何種訊息或意義，以期望增添閱讀的面相與趣味。

（林許文二二〇二四年八月）

第一部
日記

1885年

1月1日

我最好的朋友阿諾說，在新的一年裡他要養成寫日記的習慣。我說我也要，並且希望我的日記將來能像佩皮斯先生的日記一樣變成出版書，就是放在爸爸書架上的那一本。

當我把這件事情告訴姊姊米爾德蕾時，她跟我打賭一便士，說我兩個禮拜之後肯定就感到厭煩了。

但是當我告訴爸媽的時候，爸爸說：「孩子，養成寫日記的習慣是件好事。不過一定要記住，值得做的事情也值得把它做好。你要用心把日記寫好，當你不知道某個字怎麼拼的時候，就向知道的人請教。」

媽媽則說：「沒錯，不要忘記爸爸對你說的話。」

所以我只能回說我不會忘記，雖然我覺得惱怒，因為不管我做什麼事情，爸媽一定要對我說教……

米爾德蕾跟我一樣心情低落，因為我們得知要從星期二起開始上課。米爾德蕾說，爸爸不肯讓我們放假的時間跟學校的假期一樣長，真是太不公平了。但爸爸說，他不贊成放假的時間那麼長，而且當小孩子閒閒沒事做的時候，便只會胡鬧。

米爾德蕾說，爸爸是一個可怕的奴隸主人，要是他知道的話會有多生氣……我想不出還有什麼可以說的。

1月2日

今天早上爸爸的起床氣很大，發牢騷說肝不好，跟媽媽鬧得不愉快，說他的培根太鹹、蛋煮得太硬等等。我覺得很不舒服也不公平，因為那是蘇珊的錯，而不是媽媽的錯，爸爸沒有必要那麼說。

貓讓家裡發出臭味，這也令爸爸很火大，他說如果我們不能把寵物教好，我們就不應該養寵物。然後米爾德蕾不耐煩的說，假如貓會拉肚子，並不是我們的錯。所以媽媽讓她背一篇課文，以懲罰她對爸爸無禮的行為。

我真希望米爾德蕾不會對爸爸那麼放肆，我一直知道爸爸的肝有問題，因為他的光芒很混濁，而她一定也知道。

然而，跟米爾德蕾說這些是沒有用的，因為她只會叫我別吵（對於那個神祕「光芒」的含義，大家很快就會明白了）。

這裡記錄非一般人所能見到的景象——人體散發出光芒。小男孩可清楚看見光的變化會依據人體的狀況而有不同，而混濁的光似乎跟身體不好是有關連的。

1月4日

媽媽說，星期天的時候我只能在日記裡提到關於教會等一切神聖的事情，但如果我願意，第二天我可以把其他事情記下來。

今天從教會回來之後，我問通姦罪是什麼意思，爸爸抬頭看著天花板嘆氣說，接下來還會遇到什麼樣的問題！

媽媽面紅耳赤的說：「別問這麼多。」然後珍妮發出粗魯的聲音，急忙地走出房間，我們都聽到她在門外大吼。

米爾德蕾和我因為那個的粗魯聲音咯咯笑了起來，媽媽皺了皺眉頭，叫我們守規矩些。但事後我問米爾德蕾事情為什麼會這樣，她只說不知道。我必須說，我覺得很有趣！因為通姦罪一詞出自於十誡，而牧師在教會裡當眾唸出來。

1月5日

今天下午媽媽帶我去看牙醫，要在我的牙齒裡填上一種類似銀箔的東西。

我問牙醫他喜不喜歡當醫生和處理人們嘴巴裡這些瑣碎的事情，他說他不太介意。我說：「但是假如有人吃了洋蔥，你一定會覺得有點討厭吧？」他笑了笑，然後說：「是的，那種情況就不太愉快了。」

媽媽也咯咯笑了出來，但看起來像是她覺得我不該說這些話似的，因為只有不富裕的普通百姓才吃洋蔥。

我們回到家後我想到一個好玩的點子，既可以扮成牙醫，又可以賺零用錢。於是我從一個舊巧克力盒裡拿出一些銀箔紙，捏成可以填充牙齒的小球狀，再放進一個瓶子裡。然後我跟蘇珊（廚師）說，當她牙疼時，我可以幫她補牙齒，只收兩便士。後來米爾德蕾跟我說我很好騙，蘇珊已經裝了假牙，所以不用補牙齒，那讓我感到很失望……

1月8日

今天我跟米爾德蕾說，我打賭贏了，她要把賭金給我，因為我沒有如她所說的在一週後就放棄寫日記。但是她說，如果我能把日記的內容給她看，她才會把錢給我。我說那不公平，日記是我的個人隱私。

可是她把本子從我手中搶走，然後一邊翻閱一邊笑，說：「哇，你連字都不曉得怎麼拼。」（剛開始寫日記的時候，我忘了校正拼字。）「若我幫你的話，你要怎麼謝我？」

我激動的說：「謝你個頭。」（很顯然，我完全沒意識到這是句粗俗的話。）

「別這麼粗魯，」她說：「如果你想知道我就告訴你，你可以把 d-i-a-r-y 拼成

diary，也可以把 d-a-i-r-y 拼成 buttermlk，你真是遭透了。」然後她將大拇指按在鼻端，其餘四指張開，表示嘲笑我，接著把我漂亮的日記本朝我丟過來。我希望自己比她大四歲，而不是比她小，我很快就能「給她好看」，我會……

媽媽今天看起來氣色不太好，晚餐時她嘆了一口氣，然後像平常一樣說著：「我希望我們可以不用吃飯。」當晚餐裡有冷羊肉和可怕的米布丁或牛奶凍的時候，我也希望不用吃飯。

在上晚課之前，我跟米爾德蕾和好了。我告訴她，如果她答應不再看我的日記，我就不要那一便士。她答應了，但為了保險起見，我還是要跟以前一樣把日記藏好。

1月16日

今天我們又開始上《聖經》課了。我一直很喜歡耶穌的故事，卻不喜歡耶和華的故事，因為我覺得耶和華是一位可怕的老先生，但是我喜歡耶穌。今天早上講的都是耶穌的割禮，我剛剛才從《聖經》裡查了這個字，因為我忘記怎麼拼了。

當然，我們一定會問葛里芬小姐什麼是割禮，她說她不確定，但覺得應該是從嬰兒的額頭上割下一小片皮膚，這樣就會留下一道印記。米爾德蕾說那一定很痛，又問他們會不會給小嬰兒用麻醉劑。葛里芬小姐變得有點煩躁，回答說不會（我這麼蓄意中傷葛里芬小姐的品格，是我最初用來表達她嚴厲、死板的方式）。

之後我向她問了關於通姦罪的事情，因為媽媽不肯告訴我，但她只是滿臉通紅的說，等我們長大就會知道了，然後她擤了擤鼻子。

米爾德蕾說：「嗯……妳至少可以告訴我們這一點，妳有沒有犯過通姦罪？」

「天啊，親愛的，當然沒有，」她這麼說，然後臉紅的跟火雞一樣。

米爾德蕾說：「那我覺得妳或許能告訴我們它的意思，因為，如果妳不說的話，我自己會去查字典。」

葛里芬小姐說：「我不准妳做這種事，如果妳一定要知道，我寧可自己告訴妳。當一個男人邪惡到想和一個已經結婚的女人結婚，那就是犯了通姦罪。」

米爾德蕾說：「就這樣？那妳之前為什麼不肯告訴我們？」

我說：「之前妳跟我們說該隱與亞伯的故事時都不會吞吞吐吐，而且，假如我想和已經跟約翰舅舅結婚的穆德舅媽結婚的話，會比假如我殺了米爾德蕾更邪惡。」

葛里芬小姐煩躁得更厲害了，她說：「沒有人會和自己的舅媽結婚。」葛里芬小姐總是在動怒時顯得煩躁（壓抑情緒的可憐老處女，一點幽默感也沒有！她企圖擺脫我們為她帶來的尷尬處境，但最後只是愈弄愈糟）。

在葛里芬小姐離開後，米爾德蕾很叛逆的直接去拿字典查通姦的意思，但她一點也看不懂裡頭的解釋，我也不懂……

1月18日

吃早餐的時候，我跟媽媽要玩具架上放在我生日禮物旁的盒子，那是個附有鑰匙的盒子。媽媽問我要它做什麼，我說我想把日記鎖在裡頭。她笑了一下，然後說，很好，如果我聽話的話就能得到它……

今天下午是媽媽的家庭派對日，大約叫來了五十幾個大媽（嚴重誇大了），可怕的喧鬧聲把客廳變得像菜市場一樣。期間媽媽臉紅通通的從客廳裡出來（當人多的時候她的臉總會漲紅），大聲叫我們下樓和班納特老太太打招呼（我媽媽不會大吼大叫，而是悅耳的呼喚）。

我們和班納特太太等所有人打招呼，那時我感到很不自在，然後媽媽說：「好，現在你們可以走了。」於是事情就結束了。

後來媽媽到兒童室的時候，我問她那個眉毛長得像爸爸的八字鬍的老頭是誰，她說：「那種話你是在哪兒學的？」我跟她說，赫柏斯（園丁）都這樣稱呼別人，然後她說那樣很不禮貌，不要再讓她聽到我那麼說。不過我在日記裡愛怎麼說就怎麼說，因為我看不出來有何不妥。

1月20日

今天我們去上舞蹈課，我又戀愛了。

她叫芙拉莉，有甜美的臉蛋和溫柔的藍眼睛，米爾德蕾說她十六歲。我希望我可以看到她哭泣。

我不介意今天晚上早點睡，這樣我就可以想著她，假裝她在哭泣，然後我抱住她，跟她說不要哭……

（大概從四歲開始，我便一直愛上年紀比我大很多的女孩子，我總是想像她們有什麼苦惱的事，然後小小的我就扮演起安慰者的角色。有時候，我只是看到一個女孩或年輕女性流眼淚便愛上對方。然而，與我同齡的小女孩從未喚起我溫柔的情感。）

1月22日

今天是米爾德蕾的生日，爸媽送給她一組叫做「天路歷程」的遊戲，星期天的時候可以在家裡玩。

而我送她一盒價值一先令的油彩，是媽媽付的錢。

媽媽說我們已經長大了，她要我們不要再叫「爸」、「媽」，而要叫母親和父親，或爸爸和媽媽，因為只有很小的孩子才會叫「爸」、「媽」……

我今天們不用上課，下午阿諾、埃瑟爾和亨利被邀請來喝茶和玩遊戲，母親不能來，因為她要去參加義賣會。蘇珊和珍妮被允許陪我們在兒童室玩，還有普瑞特曼太太——父親總是稱她為老古板太太，現在正要去應門。

1月30日

今天威爾科克斯先生來訪，他走到樓上的兒童室，送給我一臺走在軌道上的漂亮火車。我好愛威爾科克斯先生，他來的時候我們總是有很多樂趣，他會為我彈鋼琴——我喜歡它勝過於任何事情，我希望長大後能當一個鋼琴演奏家。

媽媽邀請他星期天來吃晚餐，因為他的廚師生病臥床，星期天沒人幫他準備晚餐。所以我預期餐桌上會出現禽肉和麵包刀，然後他會講點笑話（我應該要提到，史丹利．威爾科克斯牧師是我父母常去的教會的助理牧師）。

我跟威爾科克斯先生說我在寫日記，他說他也有一本日記，每次突然有靈感時便會寫下來。他說他沒有每天寫日記，因為寫「我起床了，我早餐吃培根，我上床睡覺，我洗手」等瑣事太無聊了。於是我說，我也覺得那很無聊，因為那沒什麼用處。他看起來很開心，然後說：「我很高興你同意我。」我沒有告訴他我寫了一些無聊的事情，因為我想那可能不太適當，不過我剛剛把它們都劃掉了，這樣就沒問題了。

湯米今天又發出臭味，當爸爸走進來的時候，我聽到他說：「噗，這可不是開玩笑的，我們必須把貓送走。」我難受極了，因為，如果小貓被送走，我會很傷心，就像布鐸太太跟媽媽說布鐸先生過世時的心情一樣。

2月1日

今天是很糟糕的一天，我和媽媽及米爾德蕾一起去教會，他們為突然過世的老湯馬斯先生彈奏《索羅的死亡進行曲》並演唱《給亡者的寧靜祝福》。我哭個不停，於是媽媽叫米爾德蕾把我帶出去。

我們出去的時候米爾德蕾相當氣憤，因為她很喜歡艾默里先生（助理牧師），想一直盯著他穿睡袍的樣子——雖然媽媽說那不是睡袍，而是一種寬鬆的服裝。

事後母親說，要是她早點知道湯馬斯先生的事，就會把我留在家裡，因為她知道「那種感覺對我來說太沉重」……

星期天威爾科克斯先生到家裡吃晚餐，爸爸用麵包刀來切禽肉，我們飯後的點心是薑汁布丁。不過我沒有把我的布丁吃掉，因為當時發生了一件可怕的事。

威爾科克斯先生跟爸爸說：「喔，米爾德蕾愈來愈像她母親了，你不覺得嗎？」

在眾人還沒來得及說話之前，調皮的米爾德蕾搶先發表意見，她厚臉皮地說：「我猜如果我長大之後長得像母親一樣，你會想娶我吧？」

威爾科克斯先生說：「這個嘛……當然。」米爾德蕾說：「我想那是因為你真的想娶我媽媽。」她愈來愈放肆了。

威爾科克斯先生說：「這個嘛……當然。」接著我看到他向爸爸眨眼睛。

米爾德蕾又說：「喔，你這個淘氣的男人，你犯下通姦罪了。」

眾人發出可怕的騷動聲，媽媽的臉紅得像她的法蘭絨裙子一樣，她把米爾德蕾帶出餐廳，然後爸爸用法文說了一些話。我號啕大哭，說那不是她的錯，因為葛里芬小姐在《聖經》課裡跟我們說，如果一個男生想娶一名已婚婦女，那就是犯了通姦罪。

爸爸做了個鬼臉說：「嗯，對於這件事，我……」然後威爾科克斯先生輕拍我的背說：「沒關係，小傢伙，這是個有趣的世界。」然後給我兩便士，讓我明天買糖果吃。

不過整件事情很可怕，要是米爾德蕾能乖一點就好了，因為我無法忍受爭吵。我想爸爸現在應該對我們覺得很抱歉，因為在喝過茶之後，他在餐廳裡陪我們玩《天路歷程》，當做是特別的款待。

2月2日

那天晚上我又看見耶穌了，他站在我的床尾對我微笑。他的光芒都是金色、粉紅色、藍色、綠色和黃色，美麗得像窗外的彩虹一樣。他看起來像是想安慰我度過了那麼可怕的一天，他有最和藹的藍眼睛和長長的金髮，他讓我感覺好快樂。這是我第三次看到他，不過我希望他會更常出現。

（我打從有記憶以來就具有通靈眼，能夠看到無形的個體和人類的光環，我稱之為「光芒」。但同時，我從未聽說過通靈眼，我以為那是每個人都具備的自然能力，就像我們的五種感官一樣。或許是我從未想過「第六感」這種事，以及我對這一詞彙及這種能力的無知，而讓我遭遇許多困境——正如日記所揭露的。在我還很小的時候，每當我提及「看到東西」時，爸媽總是露出寬容的微笑，認為那是我幼稚的想像，但之後卻漸漸轉變成令我不知所措的態度。）

我討厭今天的課，葛里芬小姐顯得很鬱悶，她的光芒看起來像是布瑞弗鎮的霧氣，情況比以前任何時候都糟。我知道是怎麼回事，媽媽很嚴肅的跟她談了關於通姦的事情，因為今天早上當她進來的時候我正倚在欄杆上，然後我看到媽媽從圖書室出來，說要和她談一談。

葛里芬小姐跟進去之後她們就關起門來密談，就像爸爸說的，時間長得可怕（我喜歡這種說法，因為那聽起來有點粗野）。然後她到樓上時兩隻眼睛紅紅的，幾乎無法跟我們道早安。

她整節課都在生悶氣，直到米爾德蕾問她為什麼心情不好——儘管米爾德蕾一直都知道原因。

然後她開始號啕大哭，說她這一輩子從未那麼沒出息過，還跟米爾德蕾說她是可怕的挑撥離間者。

我感覺很糟糕，因為我看老小姐哭會很不舒服（這樣說有點在誹謗她，因為葛里芬小姐那時還不到三十八歲）。正如布鐸太太的口頭禪一樣，情況太令人尷尬了。

> 我們不知道這裡的耶穌是否真的就是耶穌的靈，但從前面的日記內容可知道小男孩對耶穌的喜愛，而靈的光芒所展現的金色、粉紅等光彩，令他感覺很愉悅，足以撫慰小男孩的心，對他而言，耶穌是慈愛的象徵。

2月4日

今天晚餐時，我問媽媽會不會常看到耶穌，因為我生日那天在床上看到他。

然後米爾德蕾咯咯笑了起來，正在削馬鈴薯的珍妮也是，但我不明白為什麼。我納悶為什麼媽媽不告訴我，她只說她相信耶穌不會想來看那些在教會裡不專心聽講、四處張望、不思考自己在說什麼的小男孩。

我實在想不透，當我告訴媽媽一些事情的時候，為什麼她不相信我，她從前總是相信我的。

米爾德蕾說我瘋瘋癲癲的，而母親在威爾科克斯先生面前說我是……那個詞很長，我記不得了。

今天晚上爸爸又很晚回家（晚下班），我很擔心，因為我以為他被車子撞到或被殺害了。米爾德蕾叫我別犯傻，但我還是去向上帝禱告，希望爸爸能夠安全的回到家。當我聽到他走進來輕敲大廳裡的氣象瓶時，我超開心的。

（害怕父母發生不測的恐懼感，常常折磨著我那想像力豐富的腦袋。大部分的傭人都受到了我父母的責怪，因為在討論報紙上聳人聽聞的新聞時，他們在「我們小孩」面前以一種令別人、也令自己毛骨悚然的方式，幸災樂禍地講述意外事故和謀殺案。

雖然他們很喜歡那種感官刺激的感覺，但對我來說它創造了一種複雜的情緒，需要幾年的時間才能消除。）

2月4日

早上的課結束之後，媽媽正好外出，我溜到圖書室裡把爸爸的日記拿起來看了一點點，但略過許多地方，直到我翻到精采的部分，裡頭有一段寫到女傭跌倒露出 arse（我只是剛好看到了這一段，因為我爸爸沒有寫日記，所以我指的是放在他書架上的日記）。

不過我不認識那個字，所以我查閱了字典，字典裡說是 buttocks 的意思，但我還是不能理解。

我問米爾德蕾什麼是 arse，她說我就是因為不知道才被稱做那個東西，而且我們在里爾也騎過。但我覺得都不對，因為在《聖經》裡，驢子的拼法是 ass。

所以，今天下午我問葛里芬小姐什麼是 arse，她說她從未聽過；這真是太傷腦筋了（真的很奇怪，用來表示臀部的詞彙，我們唯一使用過的只有 bottom，因而產生了這種天真無知的情況）。

今晚爸媽應邀去教區牧師家裡，米爾德蕾和我受邀星期六到他家，因為那天是亨利的生日，我在想我們是否要玩找拖鞋遊戲……

午餐後媽媽訓了我好長一段時間，因為她說我永遠學不會整潔。她說爸爸厭倦了老是得提醒我吃早餐不要遲到，如果再有下次，我就要受到嚴厲的處罰。真糟糕。

2月5日

早餐時我問爸媽在牧師家裡玩得開不開心，媽媽說：「很開心，謝謝。」還說牧師有問起我的近況，她覺得他人真好（我父母稱他為「教區牧師」，是個留著黑色鬍子、胃口很大、很有威嚴的牧師，他的布道總是長篇大論又戲劇化）。

米爾德蕾跟媽媽說，珍妮說她認為那個牧師很自以為是，爸爸聽得咯咯笑，但媽媽很激動，說珍妮沒有資格那麼說，要米爾德蕾絕不要再提這件事……

晚上我到廚房的時候，看到蘇珊（廚師）的鼻子紅紅的，還弄出很多粗魯的聲音，但不是非常粗魯的那種，後來珍妮跟米爾德蕾說那叫做打嗝。當我們到圖書室用親吻歡迎爸爸下班回家時，米爾德蕾問，廚師為什麼打那麼多嗝，媽媽很生氣的說：「我猜你們是從傭人那裡學到那個可怕的詞彙的，絕不要讓我聽到你們再提起，否則我要一反常態的禁止你們去廚房。」

米爾德蕾說：「那妳要怎麼稱呼那種事？」

媽媽說：「我根本不會提起那些事情，那絕不該在有人的場合裡提起。」

我問：「為什麼？」

媽媽說：「因為……」爸爸做了個滑稽的鬼臉，說：「我想我該上樓洗手了。」

2月18日

今天下午我們去上舞蹈課，我又看到我的夢中情人了。我希望我年紀再大一點，而且能看到她哭泣。每天晚上就寢時，我會假裝她在哭泣，然後我才會入睡。

米爾德蕾說我很容易上勾，她說，因為她的衣服很醜，腿像香腸一樣。所以我還以顏色，說她很容易上勾，才會喜歡上一個臉像馬一樣的牧師。然後她撒謊說她沒有喜歡那個牧師——但我才沒那麼笨。

後來我向她道歉，請她教我算術，但她說她不行，因為她想上廁所。然後米爾德蕾在廁所裡頭待了很久，她說她六天沒上廁所了，因為她討厭媽媽要我們服用的可怕玩意兒，所以她假裝她不想要（需要）。如果媽媽知道的話一定會很生氣，而且如果她知道我知情不報的話也會很生氣。

（我相信巴克爾在其《歷史》中的某個地方說過，民族的特性常常可以追溯到他們的飲食類型。倘若所言不假，那些話或許適切評論了維多利亞時代的人民和食物。我們家裡所有的人都便祕——除了貓和鸚鵡。

因此，我母親和我自己經常發生嚴重的憂鬱症，我父親總是抱怨肝不好和消化不良，廚師也患有明顯的消化不良——雖然還有其他原因，而客廳女傭則是有尷尬的脹氣問題。

如果我那個男孩子氣的姊姊當時的情況最好，那麼等她長大成一個神經質和嬌弱的年輕女性之後，她注定會受到痛苦的折磨。）

2月19日

昨晚我寫日記的時候，心情也很低落。我和米爾德蕾從阿諾家回來之後（我們被邀去喝茶），我們到晨間起居室跟媽媽聊天，然後我看到威利舅舅坐在爸爸的椅子上對著我微笑。那時爸爸正好下班回來，在親吻過我們所有人之後他要去坐下，我大喊：「別坐到那兒去，威利舅舅正坐在那張椅子上。」

媽媽的樣子看起來很古怪，她說：「我真不知道該拿這孩子怎麼辦。」爸爸怒氣沖沖的說：「你在說什麼，孩子？威利舅舅兩年前就過世了。」然後他叫米爾德蕾立刻把我帶到樓上。

我們進入兒童室之後，我問她有沒有看到威利舅舅，她說：「當然沒有，你這個撒謊的壞孩子。」

我不明所以，只覺得很難過。就寢時媽媽和平常一樣到樓上來給我擁抱，說她要很嚴肅地跟我談一談。然後她坐下說，利用威利舅舅來嚇人的調皮小孩是不能上天堂的，我一定要承諾絕對不會再那麼說。

於是我開始哭，說我沒有說謊，我是真的看到威利舅舅了，假如我說沒看到他，那才是說謊。

媽媽看著我許久都沒說什麼，然後大大嘆了一口氣說：「喔，很好。」於是擁抱我道晚安之後就離開了。這令我很難過，我哭到停不下來，希望自己死掉。

後來我用睡衣把淚水擦乾，把睡衣的一角弄得濕答答的，突然間我看到耶穌站在床邊，他閃耀的光輝就像日落一樣。他和藹地微笑著，好像在說：「原諒他們，他們不知道自己在做什麼。」然後我聽到他很溫柔的說：「保持平靜。」於是我感到開心，便趕緊去睡覺。可是今天早上媽媽不再愛我了，我希望我能知道原因。不過，我試著不要太在意，因為我知道耶穌愛我，他不會對我生氣。

他看到像日落光芒的靈體，而再一次地，「耶穌」的靈對小男孩施予撫慰，並且傳達明確的靈訊給他。

2月21日

亨利來家裡喝茶，我們一起玩「搶鄰居」的撲克牌遊戲。我認為在我的朋友之中媽媽最喜歡亨利，因為他的爸爸是教區牧師。他來的時候都是珍妮去應門的，媽媽幾乎每次都會來到大廳，我會聽到她笑著說：「你爸媽最近好嗎？你的兄弟姊妹也好嗎？」等亨利走後，媽媽會來到兒童室說：「亨利說了些什麼？」如果他說的跟教區牧師有關，她都想聽，因為米爾德蕾說媽媽喜歡聽流言。這個詞是她跟埃瑟爾學的，而埃瑟爾是跟她爸爸學的。

可是我不相信她知道那個詞真正的意思，因為當我問她的時候，她竟然臉皮很厚地要我去問奶奶。所以我去查字典，解釋是：「被他人的過錯所冒犯。」我覺得有點滑稽，所以我查了「過錯」，解釋是：「汙點，在草地網球比賽中，球被放置到的錯誤位置，」以及其他很多描述。

我問米爾德蕾，球和教區牧師有什麼關係，她說：「你不知道教區牧師是一種標準（canon）嗎？你也沒聽說過炮彈（cannonball）嗎？你這個笨蛋。」然後她做了輕蔑我的手勢並嘲笑我。

我真希望米爾德蕾沒那麼愛戲弄人。

3月1日

今天我們去教會，教會裡的風琴好漂亮。我希望在教會裡聽到的都是音樂聲，沒有惹我們哭的布道。爸爸不常在星期天早上去教會，因為天氣好的時候他喜歡散步，天氣不好的時候他喜歡在書房裡讀書。媽媽和我們小孩子們回家之後，晚餐時她跟爸爸說的都是誰有去教會、誰沒去教會，她懷疑沒去的原因是什麼等等。

不過今天她跟爸爸有別的事情可說，因為超臃腫的艾德里奇太太在禱告時昏倒了，需要好幾個男生才能把她抬出去。我覺得難受極了，任何人生病的時候我都會這樣，感覺內心空虛。在媽媽把艾德里奇太太的事情告訴爸爸之後，我問她為什麼當她去教會時，她的光芒（光環）常常是藍色的。

然後你猜她怎麼說？她跟爸爸說：「我開始懷疑這個小孩的眼睛是不是有問題。」爸爸說：「比較可能是肝臟出了問題。」

當我問媽媽問題的時候，為什麼她不告訴我答案？我想知道爸爸頭上為什麼有很多顏色跟毛茛花一樣黃的圈圈，而媽媽的是藍色圈圈，不過有時候當她緊緊抱住我時會變成粉紅色的。我還想知道為什麼米爾德蕾的光芒那麼混濁，像髒掉的蛋黃一樣。我有告訴過她，但她只是說：「噢，閉嘴，你這個小瘋子。」當然她只是開玩笑的。

不過，有時候米爾德蕾真的會激怒我，讓我很想用力打她的屁股。每次我問她我的光芒是什麼顏色，她只說：「別說傻話，你沒有任何光芒。」但我知道她在撒謊，因為有一天我問珍妮，她說我的光芒是彩色的，跟爸爸玻璃箱裡的鳥類標本一樣漂亮。

（不用說，當時我不知道珍妮只是在遷就我。不過我會把她的話當真不是完全沒有理由的，我那時還沒發現我能看到人們的光環是一種超能力，就像克萊斯勒作曲或演奏小提琴一樣，只有無知的人才會以為這種天賦是病態。但我可沒認為自己平庸的天賦跟天才的是同一種等級——差得遠了。）

小男孩看得到每個人的光譜，會根據個人的身體狀況、思想、情緒等因素，有不同的顏色變化，或是清澈、混濁等差異。

3月2日

今天早上我不用上課，因為媽媽帶我到城裡去看眼睛。一個穿著黑色衣服、看起來滑稽的小個子男人，要我看著一張上面滿是字母的大卡片，然後他拿出像是眼鏡的東西要我透過它往前看。我這樣做了一陣子之後，我聽到他跟媽媽說：「沒什麼好擔心的，女士，這位小朋友的視力很好。」之後我們去一家餐廳吃晚餐，在那裡我們遇到了芙洛阿姨，然後我們搭火車回家。我喜歡搭火車，但我希望它的引擎不會發出那麼吵的聲音（汽笛聲），因為那會讓我嚇到跳起來……

家裡的鸚鵡寶莉會學蘇珊發出粗魯的聲音，不過我喜歡牠。

3月6日

今天有位新的醫生來看我，問了我各種有趣的問題。他的嘴巴四周長滿了鬍鬚，厚厚的眼鏡令他看起來像是我書裡的貓頭鷹。他想知道，當房間裡都沒有人的時候，我會不會聽到什麼聲音。我說有時候會聽到媽媽在廚房裡大聲喊傭人的聲音，他笑了出來，說他不是這個意思，那我就不懂他是什麼意思了。不過他很和藹，有很好看的光芒，儘管沒有耶穌的一半好看。

我問我需不需要吃難吃的藥，就像波頓醫生開給我的那些，他說不用，他會給我一些吃起來像糖果一樣的小藥丸。這讓我很喜歡他，而且感到超開心的。然後他跟媽媽一起離開房間，我聽到他們走到圖書室，關上門，待了很長一段時間。

（我不知所措的爸媽對眼科醫生給的結果並不滿意，又另請高明——我猜他是順勢療法醫生，希望能分辨出我是屢教不改的小騙子，還是快要變成瘋子了。要是我母親能研究一下通靈術——她直到過世時都認為那是不正經的玩意兒——或通靈眼的基本原理，她或許能知道自己幼小的兒子既不是瘋子，也並不比在一個極虛偽的時代出生的許多小男孩更愛說謊。話雖如此，最後的結果是，新醫生建議徹底改變空氣品質，海邊的水療院是最好的。但不用說，我的通靈眼是治不好的！）

3月9日

噢，天啊，噢，天啊！今天米爾德蕾跟我說蘇珊要離開了，我必須跟她說再見，我知道自己會很憂鬱，很難過。

我問米爾德蕾，為什麼蘇珊要離開？她說珍妮說蘇珊不守規矩，但珍妮只能說這麼多。但米爾德蕾不斷地哀求她，珍妮才說，蘇珊前一天出門後很晚才回家，爸媽從晚餐派對回來後，抓到她在種滿美麗藏紅花的花圃裡小便。

爸爸相當憤怒，因為蘇珊不但回嘴，還講了很多髒話，然後走路的時候還在媽媽面前吐了起來。

米爾德蕾說，珍妮說她很高興蘇珊要離開了，因為她酗酒，那讓珍妮再也無法忍受，而這也是她講那些髒話的原因。

當然，我很好奇酗酒是什麼意思，米爾德蕾說那是當一個人喝太多酒，然後喝醉的意思。

然後我說，假如我去跟蘇珊好好說，讓她以後不再酗酒，妳覺得爸媽是不是就不會趕她走了？

米爾德蕾對我說：「你這個自命清高的傢伙，最好別這麼做，因為我們不應該知道這件事，如果你跑去多嘴，就會引起一陣騷動。珍妮跟我說的時候可是把它當成一件大祕密呢！」

所以今晚我很難過，因為我喜歡老蘇珊，她對我一直很好，儘管我必須說，她偶爾有點口臭。當她走的時候，我想我會躲到廁所裡，這樣我就不用和她道別了。

3月19日

今天晚餐時家裡來了三位牧師。

有親愛的威爾科克斯先生、米爾德蕾的心上人艾默里先生，和芬奇先生——光禿禿的頭上只有三根毛，留著羊排落腮鬍，說話的樣子很愚蠢，我為了強忍住不笑而弄濕了我的燈籠褲。

芬奇先生說話時的音調就像在教會裡唸祈禱文一樣，每次開口前都會發出「ㄟ」的聲音，還都用「親愛的女士」來稱呼媽媽。

當媽媽問他：「要不要我幫你多添點羊肉？」的時候，他回答：「親愛的女士，謝謝妳，不用。」

然後米爾德蕾咯咯笑了出來，威爾科克斯先生向我眨了眨眼睛，媽媽自己則是努力不笑出來。

當大家在享用布丁的時候，我問艾默里先生，為什麼牧師的衣服都是不討喜的黑色？米爾德蕾對我皺眉頭，因為她喜歡艾默里先生，認為我不應該那麼說。但其他人笑了出來，媽媽說：「小孩子要多看少說。」

她常說這種令我惱怒的話。

但我還是納悶，為什麼牧師總是穿著黑色衣服？因為我只在我不太喜歡的人周圍才看得到黑色。

（儘管我能看到人們周圍的情緒光環，但那時我的經驗還不夠多，不知道每種顏色所代表的含意。）

3月23日

昨晚我被允許和珍妮一起去聽威爾科克斯先生布道，那真是一個很棒的獎勵，他布道的內容和禱告有關。

珍妮說她喜歡威爾科克斯先生的教會更甚於我們地區的教會，也覺得他比我們的教區牧師說得更好。

我也喜歡威爾科克斯先生的教會，雖然我們的教會更大、更富麗堂皇。

我們回家後，我問媽媽，她會不會常在廁所裡禱告。她看起來很吃驚，說：「當然不會，你怎麼會這麼問？」

於是我跟她說，威爾科克斯先生在布道中說，耶穌說當我們禱告時，我們應該把自己關在小房間裡。

然後我看到爸爸躲在書後面（笑到）發抖，後來他跟我說，在從前的時候，小房間指的往往是狹小的空間，而不是廁所。

於是我說：「但如果耶穌告訴我們要把自己關在小房間裡禱告，為什麼我們要去教會跟一大群人一起禱告呢？」

爸爸瞧了媽媽一眼，然後說：「嗯哼，這真是個傷腦筋的難題。」不過媽媽說，等我再大一點應該就慢慢了解了。

我覺得這一切都很令人難熬。

3月26日

今天我一整天都覺得很不舒服，一直想哭。

媽媽看起來很擔心，問我：「怎麼回事？」

我只能說：「我不知道，只是一直想著妳、爸爸、珍妮、小貓和鸚鵡將來都會死掉，然後我不知道自己該怎麼辦？」❶

今天晚上我無法再寫任何東西了。

4月23日

我已經在床上躺了三星期，每天都要請波頓醫生來看我。

他說我得了黃疸，但正在好轉，所以我從床上坐起來，拿著這隻鉛筆寫日記，等到能夠走動時再用墨水謄寫。

威爾科克斯先生來看過我三次，還帶了有耶穌照片的書給我。但是當我看見耶穌時，他比照片上看起來要和善多了。

蘇珊是在我生病的時候離開的，所以我不用說再見，這讓我感到安慰。

4月25日

今天阿諾來陪我喝茶，我們在我床上玩卡牌遊戲。我問他日記寫得怎麼樣，他說他早就放棄了，因為辛苦到出汗。我告訴他，有一次當我說了那個詞，媽媽告訴我只有普通百姓才說出汗，紳士們要講流汗。

但阿諾說，他常聽到他父親在擦汗時說：「我像隻豬一樣的出汗。」因為他的父親是一位紳士，所以我想一定是媽媽弄錯了。

4月27日

我找到了等我身體康復之後我們要去的地方，媽媽說，要不是我的健康狀況一直很

---

❶有能力看到亡魂的小男孩會對死亡感到焦慮，似乎有些不合邏輯。但這種困擾並不比維多利亞時期對死亡的態度更不合邏輯，這種態度顯然對他的潛意識造成了影響，他在後文中暗示了這一點。

差，我們早就去了。我問媽媽什麼是水療院，她說那有點像大飯店，大家在裡面用水把全身弄濕，促進健康。

米爾德蕾被安排去歐姆斯科克跟珍阿姨住幾天，爸爸則要去位於里茲的俱樂部，不過在每個星期天都會來到柏克代爾，所以我應該會有好一陣子都可以不用上課了。

這多棒呀！

（後來我聽說順勢療法醫生——如果他是的話——宣稱我的大腦發育過度，代價便是影響到我的神經和體格，因此他建議我度一個長假。以我當時的年紀來說，個頭確實是比較小，但儘管我非常喜歡翻閱書籍，我並不認為自己是一個頭腦特別發達的孩子。）

米爾德蕾對於自己要去珍阿姨家這件事很反感，說她太倒楣了，因為在所有的阿姨裡頭，珍阿姨是最挑剔的。

吃早餐的時候爸爸跟她說，在珍阿姨的家裡，她必須注意自己的言行舉止。「沒錯，」媽媽說：「一定要做到，否則會有人告訴我的。」

但米爾德蕾只是嘟起嘴巴生氣，一句話也不說。

我不會說自己很喜歡珍阿姨，因為她的光芒很混濁（光環灰暗），而且她總是一副很緊繃的樣子。

4月29日

我們在今天來到水療院。

當我向爸爸和珍妮道別時，我哭個不停，但結束後馬上就覺得好多了。我很喜歡搭火車，直到開始覺得不太舒服，因為我想上一號（火車沒有加掛廁所車廂）。

窗外的風景很美，從窗戶望出去，可以看到田野中的牛群和羊群，而且所有的樹都開花了。不過我不喜歡山洞，因為有很多黑煙從窗戶灌進來，味道很難聞，然後我感到很不好意思，因為我覺得別人可能會以為那是我的關係。

坐在我對面的是位老太太，她的光芒很美麗，都是粉紅色和藍色，我想跟她聊天，但我想，假如我這麼做，媽媽也許會生氣，因為她只是一個普通百姓。可是從她的光環看來，她的靈魂絕不普通。不過，當媽媽沒注意的時候，我們偶爾會相視而笑。

（在這個情況裡，我也許冤枉我母親了。雖然她跟維多利亞時代的多數人一樣有可悲的階級意識，但她的心地善良，應該不會反對我和鐵路車廂裡的窮人女子互相寒暄。）

當我們抵達南方港的時候，車站裡來了一輛公共馬車，然後把我們載到水療院（位於柏克代爾）。珍阿姨到南方港來接米爾德蕾，她就不用自己一個人搭火車到歐姆斯科克了。我跟米爾德蕾說再見的時候沒有哭，因為她還沒有長大，只有大人才會讓我想哭，像是珍妮、爸媽和威爾科克斯先生，不過當我必須離開小貓和鸚鵡的時候，我也會差點哭出來。

小男孩依著光環的顏色，來判定靈魂層級的高低。在他看來，粉紅色和藍色光環是不錯且高貴的顏色。

4月30日

我以前從來沒有住過這麼大的屋子，也沒有跟這麼多人一起吃飯過，大家同時說話的聲音好吵，比媽媽在家時的聲音還大聲。

那裡的傭人與珍妮不同，由男性幫忙拿東西，他們穿的衣服就跟爸爸受邀參加盛大派對時一樣。不過那裡也有像珍妮一樣的傭人，她們叫做客房部女服務生，負責整理床舖和清空汙水。

我問媽媽，她們被那麼叫的原因是不是因為她們要清潔室內便器（中客房部女服務生為

chambermaids，而 chamber 也有夜壺、便器之意），媽媽說不是，因為 chamber 這個字也有臥房的意思。

我們房間的女服務生叫做莎拉，她的臉上有一顆棕色的小斑塊，上面長著三根毛。媽媽說那是痣，但是我絕對不能對莎拉說她是威爾斯人。

我問媽媽是不是威爾斯人都有痣，她說不是，不過很多威爾斯女性都是傭人。她說在餐桌旁幫忙遞東西的男性叫做侍者，因為他們在一旁服侍客人用餐。我又問她為什麼他們都穿燕尾服和假襯胸，那是爸爸最好的裝束，她就不肯告訴我了。

媽媽幫我買了幾件新汗衫和內褲，穿在身上癢癢的，我好想哭出來並用手在身上到處亂抓。我好討厭做小孩子，大人一定不會被要求穿他們不想穿的衣服。

5月4日

今天我做了土耳其浴，令我滿身大汗。房間裡到處都是光著身子的老人，他們坐在椅子上，看起來很古怪。

我覺得一絲不掛的胖老先生看起來真可怕，真希望我長大以後不會變胖，胸前也不會長鬍子。

我開始覺得很熱之後，有個男人把我放到桌子上幫我按摩全身，接著要我站在一個像是傘的東西下方，然後很多水從小孔裡噴出來，嚇了我一跳。我並不是很喜歡土耳其浴，不過醫生說我偶爾要做一次，身體才會強壯。

5月8日

我交了一個年紀跟我一樣大的朋友，是個小女孩，叫做瑪袞芮，不過我覺得她是個頑皮的孩子，她的光芒像是混濁的血色，讓我看了很不舒服。但媽媽說她看起來是一個很乖的小女孩，我聽到媽媽跟她的媽媽說，她的臉蛋就像小天使一般，也跟我說，她是一個很可愛的小玩伴。媽媽要是知道實情就不會這麼說了！

不管怎樣，我們一起在沒有人的沙丘裡玩，在水坑裡放紙船——她知道怎麼摺紙船。今天早上她要我把我的燈籠褲脫下，我問：「為什麼？」她說：「因為我要你這麼做。」

於是我跟她說，如果我這麼做的話，媽媽會發脾氣。然後她說：「你若是跟她說就太蠢了，有些事我不會告訴我媽媽的。」

之後她開始對我摟摟抱抱的，還說，如果我不照著她的話做，她以後就不跟我玩了。於是我說我不在乎，我可以跟自己玩。然後她開始哭，罵我是壞心眼的小男孩。那讓我很生氣，因為我不想看小女孩哭，我只想看大女孩哭，所以我叫她閉上嘴巴，儘管我心裡對她感到抱歉……

（原日記後面接的幾句話，顯示這個孩子在性方面的表現顯然是超齡的，她想在這方面出風頭。這就是我那毫不懷疑他人的母親眼中的小天使，一個適合在她的虔誠教養下長大的孩子的玩伴！）

5月13日

今天下午媽媽發脾氣了，因為我自顧自的跑去海邊玩，沒等瑪袠芮。她說沒有小紳士會對小淑女那麼做，她為我感到羞恥。

我沒告訴她我在生瑪裘芮的氣，因為她總是哀求我脫掉褲子，我只跟媽媽說我想自己一個人玩，欣賞海邊岩石和海草間的小仙子——這是真的。然後她就生氣了，說她真的不知道要拿一個那麼愛撒謊的小男孩怎麼辦，她還說，如果我再說這麼令人討厭的話，她就不讓我看任何童話故事。

所以我很生媽媽的氣，氣到快要哭出來了，因為她說我撒謊，這不公平，是她自己沒有到海邊去看的。

我就這麼跟她說，然後她說以後我要提早一小時上床睡覺，做為我魯莽的處罰。我不明白她為什麼要這樣，我感覺很難過。

（因為我小時候有很多名人寫書，證實有「自然界小精靈」的存在，就是民間傳說裡的仙子、精靈、地精、風精靈等等，並依據在大自然中各自的特定功能來分類。愛爾蘭詩人葉慈不僅相信有小仙子的存在，顯然他也看得到他們❷，許多凱爾特人都擁有這種天賦。要是我的母親知道這一點，我年幼的心靈就不會受到這麼多痛苦和折磨了。）

奇怪的是，當我為某件事感到不開心時，把它寫進日記後心情就好多了，我很好奇它的原因。

（那時我尚未了解到，「寫日記」是「消除胸中鬱悶」的絕佳方法。它對我的作用就像天主教教徒去告解，和精神病患者對醫師傾訴一樣。）

這裡出現了非人型態的靈體。在小男孩眼中，這個世界到處充滿了各種不同型態的靈體。

5月17日

今天早上爸爸跟我們一起去教會。坐在我們這排的一位女士，她的內在發出奇怪的聲音，有點像我在廁所裡拉水箱的水塞時那樣，只是沒那麼大聲。我笑了出來，然後把自己嚇了一大跳，因為在教會裡嘻笑是非常不敬的行為。

每次我們跪下來禱告的時候，鄰排座位裡的一位老先生總是會聞他的禮帽，我很好奇他在做什麼，於是在散步回家時問了爸爸。

爸爸說他不是在聞帽子，只是把帽子放在自己的面前。

---

❷關於這點，傑佛瑞．霍德森（Geoffry Hodson）所寫的《工作及遊戲中的小仙子》很值得閱讀。

我又問為什麼他不放在座位上，爸爸說他可能是擔心帽子被弄壞。於是我說：「那為什麼他不在跪下來的時候把帽子放在座位上？」爸爸說，大概是因為他怕自己忘記，在站起來之後一屁股坐到帽子上，所以現在我知道……我今天想了很多關於教會的事。

如果我是上帝，我不會讓大家在每個星期天從各地趕來唸誦同樣的東西，因為那樣很蠢。上帝創造了世界，所以上帝一定很聰明，聰明人不喜歡愚蠢的事，他們喜歡聰明的事情。此外，有一天威爾科克斯先生跟我說，真正的聰明人不喜歡人家說他們有多聰明，因為那讓他們不自在。我想，可憐的上帝一定每逢星期天便覺得不自在。

5月20日

今天我們去野餐。

瑪裘芮的阿姨威克罕小姐知道怎麼騎馬，所以她僱了一輛馬車帶我們幾個小孩到一個叫做弗瑞斯菲爾的地方。

那裡有漂亮的森林，然後我們在樹下喝茶。

我喜歡威克罕小姐，她是個性格很開朗的人，不像葛里芬小姐那樣，一遇到事情就變得緊張或震驚。

我們乘著馬車回家的路上，馬兒發出一些粗魯的聲音，於是瑪裘芮笑了出來，我以為威克罕小姐會生氣。

但她只是露出不悅的表情說：「注意禮貌！」

她告訴我們，如果我們餵馬吃麵包——就像今天我們喝完茶後那樣，因為用手餵馬吃東西很有趣——馬就容易發出那種聲音。

我們剛喝完茶之後，我看到四個跟童話故事書裡一樣的小精靈，他們盯著我們看了好一陣子，好像覺得我們很有趣，然後就跑走了。

我推推威克罕小姐，大聲喊：「快看那些小精靈。」

她很興奮的說：「在哪裡？在哪裡？」

但她說沒看到，也許那是因為她有近視（不用說，那不是原因）。瑪裘芮也沒看到小精靈，因為那時候她剛好躲在樹後上一號。

我希望我們可以更常去森林裡玩，或許可以看到更多小精靈。他們比柏克代爾海邊的小精靈還小，不過長得一樣古怪。

5月21日

今天晚上爸爸回家的時候，我正在看狄更斯寫的《匹克威克外傳》，那是我在客廳裡找到的。

但是爸爸把它拿走，因為他說書裡有很多我不該學習的不雅字眼。然後他從書架上另外拿了一本華特．史考特（Walter Scott）的書給我。

對此我很生氣，因為我看到裡頭的插圖是人們在互相廝殺，我不是很喜歡那本書，但我不能這麼跟爸爸說。

我很好奇，為什麼人們編的故事內容總是和打架有關、兩個人拿著劍彼此戳來戳去，那是不正當的手段，到底有什麼好呢？

況且，書裡有人瀕死的情節會讓我想哭，雖然我知道我那樣很蠢，因為我知道他們不是真的死掉。

爺爺、奶奶和威利舅舅（的靈魂）看起來比以前（當他們在世的時候）好。

我才剛這麼寫下來，就看到爺爺站在那裡點頭說：「沒錯，小傢伙，我們也更快樂了。」然後他又說：「你要堅持不懈的寫下去，小伙子，記住我的話，總有一天它會成為出版書，幫你照亮黑暗。千萬不要忘記爺爺的話！」

然後他便離開了。

雖然我不明白他說照亮黑暗是什麼意思，但我會堅持不懈的寫日記，我一定會的。

小男孩說死去的人「不是真的死掉」，是因為他看到人死亡後的靈體仍會持續存留於世，而且仍會與親人間有一定的聯繫關係。

5月21日

艾格妮絲表姊要來陪我待幾天，因為媽媽必須回家找新的廚師，所以艾格妮絲表姊會照顧我到媽媽回來為止，然後我們全部一起回家。我喜歡艾格妮絲表姊，她的笑容好美。珍阿姨和米爾德蕾也都來了。

吃過午餐後，我和米爾德蕾兩個人走到海邊，我跟她說她會看到有趣的小精靈。但是當我們抵達那兒時，她說她沒看到他們，我只是個蠢傢伙。我想一定是米爾德蕾的眼睛有問題，因為小精靈顯而易見……

在海邊的時候米爾德蕾跟我說，她很討厭珍阿姨，還說她是一隻老得不得了的貓。她說，有一天喝茶的時候她說：「我長大後要當演員。」然後珍阿姨變得非常激動，說如果她以後再敢在她家裡說這種話，她就要告訴媽媽。珍阿姨說所有的女演員都是庸俗的壞女人，沒有淑女想當演員。這些話讓米爾德蕾氣到忘了把持自己，她說：「很好，我不想當淑女。」於是珍阿姨叫她回到樓上的房間裡，以處罰她回嘴。

我認為珍阿姨不公平，因為爸爸跟我說過，寫戲劇的莎士比亞是歷史上最聰明的人之一。那麼，假如寫戲劇是好事，為什麼演戲劇會是壞事呢？對於這件事情，我很好奇耶穌會怎麼說？

5月25日

今天早上，媽媽在我去到海邊的時候動身回家了，因此我不用跟她說再見，我很開心。所以現在起全由艾格妮絲表姊陪伴我……

艾格妮絲表姊家裡來了一個看起來古怪的人，她叫做鹽小姐——多麼有趣的姓氏。

她留著一頭爸爸稱之為「老鼠背」的短髮，講話的聲音像男生一樣，內在有一位老先生（在她的靈魂裡）。

我覺得這非常有趣（很古怪），就趁我們坐在客廳等待艾格妮絲表姊前來喝茶的時候問她：「為什麼有一位老先生跟著妳？」

然後她跳起來說：「願上帝保佑我的靈魂！這個小男孩在說什麼啊？」

艾格妮絲表姊臉脹得通紅，好像我說了什麼失禮的話，然後笑了出來（尷尬的笑）。

我想我最好告訴鹽小姐，那位老先生的衣服很滑稽，有點像皮威克先生的圖畫裡的那樣，不過他看起來不是很開心，臉上有一道難看的紅色記號（疤痕）。

「天啊！」她大叫：「那是××先生。」她說了一個名字，但我記不得了。她看起來不太舒服，一直盯著我，好像想說什麼卻又說不出口似的，然後念叨著說喝茶之前要先洗個手，接著就離開了客廳。

等她離開後，艾格妮絲表姊問我：「你怎麼會對那位女士說那種話？我認為她受到了很深的傷害。而且你說的事情真的很奇怪，我不知道聽到的人會怎麼想？」

於是我說：「嗯……那是真的，我為什麼不能說？」

她說：「因為我怕你總有一天會讓自己惹上麻煩。」不過她沒有很生氣，所以我也沒放在心上。

（從技術上來說，鹽小姐是被老先生的靈魂附身了，並且受到大幅度的控制。我記得她的聲音低沉，穿著男性化的服裝，坐著的時候總是兩腿分開，雙手放在膝蓋上。這種被附身的狀況很容易解釋，不過要是她現在還活著的話，她的特殊癖好可能會被歸因於有女同志的傾向。）

小男孩看得到一個附身的靈魂，而這個靈會改變所附身之人的行為（穿著、聲音、動作等）。這個靈魂與所附身之人存在著一定的關係，因為被附身的鹽小姐認識那個靈魂。

5月26日

威廉是一位和善的園丁，他說一切都很可疑，當我正想留心觀察究竟哪裡可疑時，鹽小姐走了過來，她說她要到海邊散步，問我要不要一起去。我必須說好，這樣才不會失禮。

到了海邊之後，我們坐在暖暖的沙灘上，然後她說：「告訴我，你是怎麼知道那位老先生的？」

於是我說我在她的光芒中看見他的臉，接著她問我，我指的光芒是什麼，那讓我很驚訝，因為這位老太太沒有瞎，也沒戴眼鏡。

我說：「當然是指圍在一個人周圍的色彩。」她問：「什麼色彩？我從來沒聽說過。」這讓我覺得很奇怪，便跟她說她一定是近視了。但她說她沒有近視，我不禁在內心自言自語：「天啊，大家都怎麼了？」然後我說：「妳以前很窮，對吧？」她說：「是的，你怎麼知道？」

我說：「不曉得，但我就是知道。而且我也知道妳曾經有個戀人，快要跟他結婚了，只是他要先到某個很遠的地方，然後受傷了，就再也沒回來過。」

我的話似乎讓她嚇了一跳，她說：「告訴你，小男孩。」

我說：「什麼事，鹽小姐？」她說：「我發誓，我相信你有通靈眼。」她說，有通靈眼的人會知道別人沒告訴他的事情，但當時我不明白她的意思。

於是我說：「抱歉，鹽小姐，」——當時我喜歡打趣叫她胡椒小姐——「但我認為妳錯了，因為我不知道的事情太多了，必須請教爸爸或葛里芬小姐。我必須問她什麼是割禮，『貪圖鄰居的牛』或『驢』是什麼意思，還有其他好多出自於《聖經》的東西。」

那似乎讓鹽小姐覺得很有趣，她笑了笑說：「喔，我不是指那些事情，我指的是像我曾經很窮的事。」然後她從小背包裡拿出一張有趣的老照片，說：「你知道這是誰嗎？」我說：「是那位老先生。」她說：「沒錯。」

後來她給我六便士去買棒棒糖，說我們該回去了，因為艾格妮絲表姊也許在擔心我發生了什麼事。然後事情就結束了。

從小男孩與鹽小姐的對話中，我們可以看出鹽小姐與老先生的靈體之間，存在著一種深刻且難以釋懷的感情羈絆。

5月29日

媽媽找到了新的廚師，所以她回來了。不過我惹上了大麻煩，因為鹽小姐跟媽媽講了我的事情，然後媽媽很生氣，說：「我已經束手無策了，不知道要拿你怎麼辦。如果再發生這種事情，你爸爸會用拖鞋教訓你。」

（幾年之後，開始信奉通靈術的艾格妮絲表姊告訴我，鹽小姐並沒有講我的事，只是跟媽媽說她有個了不起的小男孩，具有通靈眼。可是虔誠又傳統的媽媽並不覺得那是誇讚，反而受了很大的驚嚇）。

媽媽把我關在臥房裡一小時，因為我對鹽小姐太放肆了，不該跟她說什麼老先生的事情。

不過現在我不太在乎，因為我在臥房的時候又看到耶穌了，他在對我微笑。我相信，如果我真的是壞孩子，他才不會對我笑呢！

6月1日

媽媽有一位朋友住在南方港，是克洛夫特太太，她今天乘坐馬車來找我們，然後帶我們到她家吃午餐。

她很有錢，家裡有一位侍者，不過媽媽說在私人房子裡幫忙拿東西的男人不叫侍者，而叫男管家。我問媽媽為什麼我們沒有男管家，她說管家太貴了。

克洛夫特太太臉上的顏色像板油布丁一樣，講話的速緩慢，會漏掉h在字首的發音，我以為只有普通百姓才這樣。

有一種像是螃蟹的東西跟著她，看起來很可怕，令我毛骨悚然❸。但是在我因為鹽小姐的事件而引起風波之後，我覺得最好什麼也別說，就乖乖的閉上嘴巴（可憐的克洛夫特太太大約一年半之後死於癌症）。克洛夫特太太有一個漂亮的音樂盒，午餐後她讓我幫它上發條，它演奏出好多音調。

小男孩的年紀應該還不懂癌症與螃蟹有字義與型態上的關係，但他確實看見了克洛夫特太太身上有令人毛骨悚然的「螃蟹」跟著，不久後也證實她罹患癌症，這點頗令人驚訝。

6月9日

我們回家已將近一個禮拜了，之前我一直沒有寫日記的原因，是我不想寫。

新來的廚師好胖，整個人看起來就像一坨肉，有時候她坐下時，看起來也像站著。她叫做喬琪娜，她的臉紅通通的。

爸爸說他希望她不會有一天突然就暈倒了。但媽媽覺得她看起來體質很強壯，我也是這麼想的。

昨天我和米爾德蕾應邀到牧師家裡喝茶，我們在花園裡玩球，亨利的姊姊朵拉跌倒了，不小心把內褲露出來。

---

❸根據神祕學的理論，肉體被只有具通靈眼的人才能看到的「細微體」（subtle bodies）貫穿和包圍，其中最粗糙的是乙太體（etherica double）或健康光環，在惡性腫瘤的例子裡，通靈眼夠強大的人能夠看到有一種蟹狀元素存在。雖然醫生相信「癌症」（cancer）一詞被用來形容惡性腫瘤，是因為腫瘤會依附周圍組織而生長，但更有可能它的起源更早，是在人類比今日的物質主義時代更具有心靈感應力的時代出現的。

中文版編註：西元前四百年，古希臘名醫希波克拉底（Hippocrates）在研究和醫治癌症末期病人時，發現腫瘤的外觀看起來像是一隻螃蟹，蟹身就是腫瘤的中心位置，而蟹腳則像腫瘤旁的血管向外擴散的模樣。因為那個年代並沒有 Cancer 這個單字，所以希波克拉底採用了希臘語中的螃蟹 Karkinos 這個字，來形容這種無法治癒的疾病。到了西元四十七年，古羅馬哲學家塞爾蘇斯（Celsus）將 Karkinos 這個詞翻譯成拉丁文 Cancer，來為癌症命名，之後英文便也使用這個單詞，成為大家通用的癌症名稱。

每次我們到牧師家裡的時候，媽媽總是千交代萬叮嚀地說：「記住，不要把家裡的事情拿到外面去說。」

那有點兒酷，因為每次亨利來的時候，她總是喜歡叫亨利講他們家裡的事。

學期進行到一半之後，米爾德蕾被送去女子學校就讀，這讓她覺得自己很高貴。不過直到暑假結束前我都不用上課了……下週起，我要去海洛嘉特和茉德舅媽及約翰舅舅住在一起，兩個禮拜。我想我會喜歡的，跟巴佐（我的表哥）玩一定很有趣，儘管他比我大一歲，而且有點粗野。

6月11日

那個有趣的老醫生今天又來看我了，他說改變空氣品質之後我看起來好多了，媽媽也這麼覺得。後來我們聊了一會兒，接著他用手幫我做全身檢查，此時媽媽離開房間，讓我單獨跟醫生在一起。他問我還會不會看到一些東西，當然，我回答會——雖然我覺得那個問題很滑稽。

他很和藹的說：「現在，告訴我你之前看到了些什麼。」我跟他說我看到耶穌和很多小精靈，然後我看到有一隻螃蟹附在一位女士身上，以及柏克代爾的鹽小姐身體裡有一位老先生等等。然後他說：「嘖嘖嘖，你看到的東西多麼有趣，不是嗎？」

他指的是那個老先生。於是我說，對，那滿奇特的，但是我請他不要告訴媽媽，因為當我議論別人的時候，她會很不高興。他叫我別擔心，因為醫生會保守祕密。檢查完後他問：「現在你有看到什麼東西嗎？」

我回答：「我看到一位白色捲髮的老太太，穿戴著蕾絲帽和蕾絲披巾，她正在對著我們點頭微笑。她的臉很和善，有美麗的光芒，她跟我說：『我曾經是你的母親！』」

這似乎讓醫生非常驚訝，他說：「噢噢，天啊，天啊！」此時媽媽回到兒童室，然後他們兩個一起離開了。

6月22日

現在我在海洛嘉特，我覺得和舅舅、舅媽住在一起是最愉快的事情。

茉德舅媽很親切，約翰舅舅也是，他常常講笑話，有時候會讓我坐在他的大腿上，然後輕輕地上下搖晃。

茉德舅媽的體型不是很壯碩，她出門採購時總是搭出租馬車，還讓我跟她一起搭乘，令我十分開心，不過有時候買東西的時間很長，我都快坐不住了。

我們在早晨外出採購物品的時候，她常邀請我到糕點店，並且買一瓶牛奶和一便士的麵包給我。

巴佐必須上學，不過在他放學後，我們就可以一起玩了。

他不是個很乖的孩子，他喜歡講他在學校聽到的粗俗事情和說粗俗笑話。如果媽媽知道的話一定會很生氣，但我當然不會跟她說，否則她以後就不會再讓我來住，我的日子就會很無聊了。

巴佐今天問我知不知道嬰兒是怎麼來的，於是我跟他說，葛里芬小姐說是醫生用皮革包把他們裝著帶來的。

但當我這麼說的時候，他用很挑釁的方式嘲笑我，說我是個傻子，不知道嬰兒是從女人的肚子裡生出來的。

我認為那是一種很惡劣的想法，跟他說我一點也不相信，但他說那是真的，因為學校裡有個男孩是這樣告訴他的……

6月23日

約翰舅舅的花園裡有一棵漂亮的老樹，樹裡住著一個古怪的地精老頭，今天我在樹下坐了很久的時間觀察他。

地精老頭的腿又長又細，戴著一頂紅帽子，不過他身體其他部分的顏色看起來就跟樹幹一樣。有時候他從樹裡跑出來，在草地上神氣活現地走著，他那滑稽的樣子讓我差點笑出來，只是擔心冒犯他才忍住❹。

當我跟巴佐說地精的事情時，他取笑我，他說世界上沒有這種事，我會相信這種鬼扯蛋真是小傻瓜。我不明白他的意思，我真希望自己知道，是什麼讓大家都這麼困擾。

小男孩也經常看得見，像童話裡所描述的精靈，而精靈的身形與人也不太一樣。

❹這個自然界的小精靈令人想起了童話故事裡的描述和插圖，不免讓人懷疑，這個男孩所看到的景象必定受到自己想像力的渲染。然而，神祕主義者主張，最早是民間傳說和童話故事受到了通靈眼的影響。

6月23日

今天我問園丁老詹姆斯關於地精的事情。

他說：「嗯……主人，假如我在你這個年紀，我說不準會看到什麼。但現在我漸漸老了，視力已大不如前。」

6月24日

今天蘭斯波頓先生到茉德舅媽家裡吃午餐，他是一位神職人員。但我超開心巴佐出去找朋友玩，因為如果他待在家裡的話，我們一定會忍不住在客人面前笑出聲來。

這位蘭斯波頓先生話好多，而茉德舅媽是很有禮貌的女士，只是一直說：「喔，是的，蘭斯波頓先生。喔，的確，蘭斯波頓先生。真令人驚訝，蘭斯波頓先生。那是真的嗎，蘭斯波頓先生？」之類的話，直到我為了忍住不笑而差點弄濕褲子。

蘭斯波頓先生偶爾會對我發表意見，當時我想，如果我只說一聲「先生」應該就夠了，因為我不敢直呼「蘭斯波頓先生」，儘管媽媽告訴過我，答話時應該說出對方的名字，否則是不禮貌的。

蘭斯波頓先生談到他拜訪過一些教會，去看那些地方的聖壇屏，我想那真有趣，教會裡竟然有粗俗的東西（中聖壇屏的英文是rood screen，作者誤以為是rude screen〔粗野的屏風〕），可是我不想問問題。

他跟茱德舅媽說，如果有機會，她應該去看一看。但我覺得奇怪，牧師怎麼會跟一位女士談粗俗的東西。有趣的是，蘭斯波頓先生本身有點娘娘腔，他說話的聲音比較像女生，會做一些奇怪的手勢，在沒有什麼好笑的事情時也會竊笑。當然，我其實不希望傷害可憐的蘭斯波頓先生，只是不知道為什麼，我並不是很喜歡他。

6月24日

我向約翰舅舅問了聖壇屏的事情，但他只是一直笑，笑到我擔心他快爆炸了。

他解釋說聖壇屏其實一點也不粗俗，雖然 rood 聽起來跟 rude 很像，但 rood 的意思是十字架。

所以現在我知道我誤會蘭斯波頓先生了，我還以為他對茱德舅媽做了失禮的事情呢。我覺得約翰舅舅是個風趣的老兄，希望我能在這裡待久一點，不過媽媽明天就要來帶我回家了，真討厭！

6月26日

昨天媽媽帶我回家，我討厭向茱德舅媽和約翰舅舅說再見。

我多麼希望道別時沒有號啕大哭，我真的好丟臉。如果我向耶穌祈禱，他或許能幫助我……我今天好丟人。

今天上午阿諾來找我，我們到花園裡玩，吃了好多從樹上摘下來的醋栗，然後我的肚子疼得不得了，還沒來得及走到廁所就把褲子弄髒了。珍妮只是笑一笑，但媽媽很生氣地說，我不應該沒問就把醋栗摘下來吃。

我討厭當小孩子，每次大人想做什麼事情時都不用問，而且如果他們拉肚子也不會被懲罰，大家只會說真遺憾，可憐的東西……

米爾德蕾自從上學之後就變得很勢利，不過她交了一個大朋友，南茜．泰德，並且請她到我們家做客，然後我看到她的第一眼就愛上她了。現在我不會再想起芙拉莉，我時時刻刻想念的人是南茜。

6月29日

真是令人意外！威爾科克斯先生今天搭乘出租馬車來我們家，他的身體狀況很差，醫生說他必須臥床，但是他家裡沒有人可以看顧他，所以媽媽邀請他來我們家休養。我很遺憾他的身體狀況不好，但是我很高興他來了。

我問媽媽他怎麼了，她說：「喔，不是什麼嚴重的事情。」然後就把我打發掉了。

可是她一定有告訴珍妮，因為珍妮告訴米爾德蕾，米爾德蕾又告訴我，說他身上長了癤子。我好奇它為什麼叫這種名字，因為媽媽佩戴的那枚胸針——爸爸在聖誕節送給她的，就是用紅玉裝飾的（中英文中的癤子和紅寶石都稱做 carbuncle）。我想威爾科克斯先生的癤子一定是長在他坐下來的地方，因為在他把衣服換下之前我去向他問好，我看到他那裡有黑色的雲狀物❺。不過我想我最好什麼也別說，以免他覺得不好意思。

小男孩看到的疾病光影是「黑色」的，加上前面醫生說需臥床，可見病症狀況相當嚴重。

7月1日

我去探視威爾科克斯先生，坐到他旁邊，他說他沒有很疲倦，就在床上唸詩給我聽。我喜歡詩，我長大一點之後也要自己做詩。

不過我不喜歡描述有人過世那種悲傷的詩，因為那讓我想哭，儘管我知道他們不是真的死掉，否則我怎麼會經常看到他們。

今天我在餐廳又看到威利舅舅（的靈魂），但沒跟媽媽說，因為上次她對我發了一頓脾氣，到現在我仍然想不透為什麼。說到這裡，我不明白為什麼每當有人到天堂去的時候，我會那麼在意。我想或許是因為看到大家難過得流淚，我的心情跟著變得很糟，也想哭，就像我必須說再見的時候……

威爾科克斯先生的癤子長在他的ㄊㄨㄣˊ部，他把這件事當做一個大祕密告訴我，所以我猜對了。他開了個玩笑，說他現在被這種麻煩情況打趴在床上。他希望有些自以為是的人在屁股上長幾顆癤子，好挫挫他們的傲氣，不過我不能跟別人說他這麼說過。在所有我認識的牧師裡，我最喜歡威爾科克斯先生，他很親切，偶爾會講些俏皮的話。

7月3日

今天早上醫生來幫威爾科克斯先生切掉他的癤子。

❺此一發現得到其他通靈者的證實，因為患者的臀部會出現以乙太體形成的陰影，這便是疾病的跡象。現在透過基納醫生（Dr. Kilner）的掃描器，已經可以在不借助通靈眼的情況下證明這一點。

米爾德蕾跟我說，被手術刀切割是十分疼痛的，所以我到花園裡去，就不用知道威爾科克斯先生什麼時候會疼得要死……

今天媽媽收到艾格妮絲表姊的來信，裡頭還有一封小小的信是給我的。我一邊讀，不知為何，但就是覺得艾格妮絲表姊快要結婚了。

可是當我告訴米爾德蕾的時候，她說：「胡說八道。」

於是我說：「妳愛怎麼說就怎麼說，不過我知道，艾格妮絲表姊找到一個很迷戀她的心上人，他們不久就要訂婚了。」

米爾德蕾說：「這個嘛……如果你想知道的話，亨利舅舅不會讓艾格妮絲表姊嫁給她之前喜歡上的那個人，而且那不過是兩個月前的事而已，所以她不會這麼快就找到新的心上人。」

我說：「妳不要太得意了。她以為自己喜歡之前那個男生，但她更喜歡現在這個。」

米爾德蕾說：「噢，閉嘴！不要談你一無所知的事情。」她接著又說：「我知道有人喜歡某個人。」

我問：「誰啊？」米爾德蕾說：「你喜歡南茜。」

這把我惹火了，因為如果她去跟南茜說，南茜會嘲笑我，認為我是愚蠢的小男生。但當我要求米爾德蕾不要說時，她說要看她的心情。我覺得她好刻薄，我真的這麼覺得。

7月4日

威爾科克斯先生的臀部開過刀之後，今天感覺好多了。我很開心……我跟媽媽說，我覺得艾格妮絲表姊快要結婚了。

她看起來很驚訝地問道：「為什麼你會這麼說？」於是我說，因為我有這種感覺。然後她說：「小孩子不應該有感覺——至少不是那種感覺。相信她沒有在那封信裡透露吧？」所以我跟她說她沒有透露。

媽媽說：「去把那封信拿來。」於是我連忙跑上樓，從抽屜裡把信翻出來，再把信拿給她看。

她說：「你不准再說這樣的事情，那可能會造成很多傷害。」但我覺得不公平，因為我是對的，媽媽可以寬容一點，不用假裝我是錯的。

事情是這樣的，爸爸出差兩天，今天晚上他回家後到書房跟媽媽說話，可是忘了關門，而我剛好要去親親他，歡迎他回家，我聽到媽媽不小心把祕密洩漏出來。

我聽到她說：「噢，如果你聽到艾格妮絲要訂婚了一定很驚訝，不過現在還不能對外宣布。」然後她看到我，顯得怒氣沖沖的。

我親吻過爸爸之後，她說：「你有聽到剛剛我對你爸爸說的話嗎？」

我必須承認有。她說：「好吧，你要知道，現在還不能向任何人提起，聽到了嗎？假如消息被傳出去，我會很生氣，艾格妮絲表姊也是……現在你可以走了。」

之後我走到花園裡，在涼亭下寫日記。每當天氣好又暖和的時候，我幾乎都會在戶外寫日記，我好喜歡花朵綻放時的味道和那種香氣撲鼻的感覺。

不過我對媽媽很失望，因為有一天她跟我們說，撒謊是不對的行為，可是她自己卻這麼做，還為了她明知是對的事情來斥責我，我真的覺得她很刻薄。不過，在我把這些事情寫下來之後，心情就好多了。

直覺或許也是一種無形訊息的傳達，連續兩天關於艾格妮絲表姊訂婚的事情，從媽媽的敘述中，可以知道小男孩的預感是正確的。

7月8日

今天媽媽說，暑假裡我們大伙兒要去位於幾個湖之間的凱斯維克度假。

媽媽還說威爾科克斯先生或許會一起去。

真是太好了，我們預定在二十八日出發。

現在威爾科克斯先生起床了，他已經可以坐下，所以他彈了鋼琴給我聽。當我聽著音樂時，我看到一些美麗的東西，好像在美麗的夢境裡一樣。

天堂裡一定常常飄著音樂聲，不過，我不相信大家會整天坐在天堂裡彈豎琴，否則我怎麼能看到威利舅舅和爺爺那些人。他們沒有豎琴，說到這裡，他們也不像好孩子童書插圖裡的天使一樣有翅膀。

喬琪娜（廚師）會去做禮拜，她說當好人過世的時候，他們馬上就變成天使，永遠圍繞著上帝，坐在他身旁唱聖歌。但是她怎麼能這麼說，因為她一定曾看過有人（靈魂）沒坐在上帝身旁（我那時仍不知道並非每個人都看得到靈魂，或更確切的說，是擁有「超自然的視力」）。

我正打算去問她的時候，媽媽進了廚房，所以我想最好還是不要問，因為每當我提到這種事情時她都很生氣。

我很想知道到底為什麼，那些事情又不失禮……

威爾科克斯先生的鋼琴彈得真好，他能僅憑記憶彈奏出每一首曲子，甚至還能夠即興創作。

我打算問媽媽，暑假過後能不能讓我上音樂課。

美妙的音樂也能呈現出一般人看不見的美妙景象，在小男孩眼中音樂猶如美麗的夢境。

8月4日

我們到凱斯維克已經一個禮拜了，我看到好多好多的仙子、精靈、地精和風精靈，真是太美妙了。

不過爸爸會帶我們走很遠的路，有時候我都累到快哭出來了。媽媽告訴爸爸，那對我來說負荷太多，但他說那對我有益，問題在於我運動得不夠多。爸爸好狂熱於運動，他認為要是從前他有時間做充分的運動，他就不會得肝病。

當然，米爾德蕾根本不在乎她要走多少路，我相信，就算她必須繞著地球走一圈，她也不會在意。

我最喜歡我們在湖上划船的時候，不過我寧可不要讓爸爸划船，因為他流好多汗，那股味道真難聞。威爾科克斯先生就不會像那樣，也不會散發出羊排的氣味。也許是爸爸太胖的關係。

小男孩看見好多的仙子、精靈、地精和風精靈等，他看見萬物有靈的世界。

8月8日

我不喜歡我在宿舍裡的臥房，它給我一種毛骨悚然的感覺。

有時候我會看到一位老婦人跑到床上來看著我，她穿的衣服是以前流行的款式，看起來有點像故事書裡的女巫，而且她的臉又醜又邪惡。我想叫媽媽把她趕走，但又怕說了什麼話讓媽媽生氣。

昨天晚上威爾科克斯先生來唸故事書給我聽——他偶爾會這麼犒賞我——於是我告訴他那個老婦人的事情，乞求他把她趕走。

起初他看起來有點兒驚訝，但接著說：「我們來唸祈禱文，如果她真的是邪惡的老巫婆，她就會趕緊溜走。」然後他跪下，請求耶穌拯救我們不受邪惡和恐懼的侵擾，不過我沒記住他所說的內容。

當我再睜開眼睛時，有一分鐘的時間我看到了耶穌，全身閃耀著美麗的光芒，他的光芒耀眼到令我看不見那個老婦人。

等他消失的時候，她也跟著消失了。

後來威爾科克斯先生告訴我，下次當我覺得看到任何令自己害怕的東西時，我就像那樣跟耶穌祈禱，然後我會覺得好多了。

不過當我想到他所說的話時，我不明白為什麼他說「下次當你『覺得』看到任何令你害怕的東西時」，因為他似乎認為那全是我的幻想，但當然不是。

還是說，每當遇到可怕的東西時，他希望我認為那只是自己的幻想，那樣我便不會害怕了。

保護小男孩的「耶穌」應他的祈求而來，同時也展現正面良善慈悲的光芒力量，足以驅走令人害怕的黑暗邪惡。

8月11日

昨天我們的宿舍來了一位女士和一位先生，爸爸說他們一定是來度蜜月的，因為他看到那個男人把他們的行李搬進來，行李看起來跟全新的一樣。

他們的房間就在我隔壁，晚上把我吵醒了，我受到好大的驚嚇。我想一定是他們之中有人從床上掉下來或什麼的，因為我聽到有東西砰的掉到地板上，以及像是有人受傷的聲音，這讓我心裡感到很不舒服，就跟我在教會裡看到女士昏倒和被抬出去時的感覺一樣。

早上吃早餐的時候我把這件事情跟爸媽說了，我問為什麼兩個人結婚後就要睡在一起，難道不會害羞嗎？

媽媽臉紅了，有點兒在竊笑的樣子，爸爸稍微笑了一下，然後跟威爾科克斯先生說了一個好長的法文單字，聽起來像是 enfongterreeble 之類的。

可是他們不告訴我答案，只說隨著我長大，我會知道愈來愈多事情。我真希望他們不要總是那麼說，那樣真討厭。

而且，他們總是想說什麼就說什麼。我敢打賭，等我長大以後，我才不會想跟女生睡在同一張床上，我會覺得太丟臉……

8月23日

已經下了好幾天的雨，讓人感覺好煩悶，因為當外頭下大雨的時候，媽媽都不讓我出去玩。

但今天在喝過茶之後天氣放晴了，我從窗戶裡看到外頭出現了美麗的雲朵，雲裡有可愛的小仙子，他們把雲堆成各種有趣的形狀，像是城堡，有些則變成有趣的巨形動物。我看到在其中一個雲堆的頂端有一個較大的仙子，他身上的色彩跟彩虹裡的一樣。我看到其他有些雲堆上也有這種仙子，我覺得他們好迷人——茉德舅媽都是這麼形容她喜歡的東西。

威爾科克斯先生跟我說，以前在湖區這一帶有很多詩人，其中有一個很特別的叫做華茲渥斯（Wordsworth），他要為我朗誦他的幾首詩。

我希望可以一直住在湖區，我不想回家。但當然，我希望阿諾、亨利和威爾科克斯先生也住在這裡，因為如果他們不住在這裡的話，我一定會很想念他們。

除了地上萬物，小男孩也看得見天上雲朵裡的小仙子。

8月28日

我們回家了。

鸚鵡學到了喬琪娜的咳嗽聲和她喉嚨的方式，好有趣，不過我想喬琪娜會生氣，因為那聽起來像是寶莉在取笑她。

媽媽說，下個月我要去「弗朗普敦小姐學校」上學，那間學校收男孩和女孩。我問那裡有沒有大女孩，她說有，不過沒有大男孩。

我懷疑自己會不會喜歡那間學校——儘管比起再請一次像葛里芬小姐那樣的家庭教師，我更願意去上學。

今天媽媽身體不太舒服，不能出門採購，所以她要我跑腿，去肉店買一磅半的上等肉排。

我討厭肉排，但我說我會去買回來，不過她要等一下，因為我想先上個廁所。

然後媽媽說：「我告訴你很多次了，不能那樣說，你應該說：『請容我離開一下房間。』因為人家會懷疑你是在哪裡長大的。假如是有人請你離開一下，你可以說：『我去洗個手。』」

於是我說：「但假如我不想洗手，那就是說謊了。」

媽媽說：「才不是，你去過那個地方之後一定要洗手。」

當然，我知道媽媽仁慈、心善又虔誠，但有時候她真的很討厭，一會兒說我可以這樣說，一會兒說我不能那樣說。

假如我說實話，像是我看到威利舅舅，我就會挨罵，假如我不說實話，我還是會挨罵，所以我不如閉上嘴巴，什麼都不說……

今天米爾德蕾邀請南茜來喝茶，我深深愛上她了，一直想像著她的臉龐。

8月30日

今天早上我們去教會，教區牧師去度假了，所以由格魯布先生講道。我很高興自己不叫做格魯布，那令我想到蟲子。

他是個很古怪的人，在說了些話之後會閉上眼睛沉思，在想接下來要說什麼的時候，表情怪可怕的，害我快笑出來。

我們不在的時候，教會進行了整修，現在聞起來有亮光漆的味道。

今天上午好熱，威根斯小姐的馬甲都黏到了長椅上。當梅布爾．威根斯小姐跪下時，她的胸衣發出咯吱咯吱的聲音。

威根斯先生的胸口發出古怪的聲音，媽媽說他患有哮喘，真可憐。我很高興教區牧師不在，因為我好怕他講道的內容很悲傷。

今天我想到，我從來沒有在教會裡看見過耶穌。

我很好奇這是為什麼。但我想，也許是他不能同時出現在所有的教會裡，或許有一天會輪到我們的。

小男孩想起「我從來沒有在教會裡看見過耶穌」，這是滿值得玩味的說法。

日期不詳

今天我去上學，那裡有三個弗朗普敦小姐。教大女孩的是潔絲小姐，教小女孩和小男孩的是艾妮德小姐，我在她的班上；另外還有校長布莉絲．弗朗普敦，不過有一個叫做查理．巴尼斯的胖男孩跟我說，她很孤僻。還有，如果有男孩很頑皮，被送到她那兒，她會用藤條教訓他們。

艾妮德小姐今天真夠親切的，沒有發脾氣，可是不知道為什麼，我不喜歡她的光芒，而且覺得她有點嚇人。

我有一種可怕的感覺，我覺得自己會討厭這個學校，如果有人表現得隨便，艾妮德小姐可能會大發雷霆。

10月5日

我們班上有個女生要朗誦《小吉姆》裡的一段詩，然後糟糕的是，我竟然開始哭了。艾妮德小姐很生氣的說：「你為什麼發出那種聲音？」我說我忍不住，因為那段詩好悲傷。

她不悅的說：「別再表現得像個傻瓜，不然我要處罰你。」然後其他孩子都在暗地裡笑我，覺得我是個呆子。

後來在操場上，有些男生取笑我，叫我愛哭鬼。我認為艾妮德小姐是一個嚴厲、刻薄的老處女，她幾乎每次都會發脾氣，當她真的生氣時，那才叫做恐怖，我的心變得忐忑不安，怦怦亂跳。

我和米爾德蕾要去上音樂課，教我們的是一位叫做法洛琳．赫夫納的小姐。她是德國人，媽媽說她彈得一手好琴。我很開心，只希望她不會像艾妮德小姐那樣容易暴怒，要不然我真的不知道該怎麼辦。

10月7日

今天是我的生日。

母親把我一直想要的那個盒子送給我，讓我把日記鎖在裡頭。爸爸送我一只瓦特布瑞腕錶（Waterbury），看起來好華麗。

米爾德蕾送我一盒工具——我猜是媽媽付的錢，雖然沒有人這麼說——然後我假裝她很體貼，那麼費心地花一點點零用錢買這麼好的禮物給我。

珍妮送我一盒糖果和一個大大的擁抱，廚師為我做了一個鋪滿粉紅色奶油的美味生日蛋糕，上面還用擠花寫了我的名字。

我們辦了一個茶話會，邀請亨利和阿諾當嘉賓。我敢保證，大家都很愉快，整個活動非常成功。現在我感到有點兒疲憊，今天晚上不會再寫日記了。

10月8日

昨天晚上上床之前，我有點兒想爺爺，於是突然間，我看到他坐在我的床尾，他微笑著祝我生日快樂。我問他怎麼知道今天是我的生日，他說他是從我的想法裡知道的。我愛爺爺，他好親切，儘管沒有耶穌那麼好看。

我很好奇，像爺爺那樣的亡者能看到多少事情？當我們洗澡或上廁所時，他們能否看到我們？如果媽媽在這些地方，然後爺爺或威利舅舅突然出現，她一定會很生氣。但我想他們不會做這種事，因為那太失禮了。我相信善良的亡者不會出現在不歡迎他們的地方，只有壞心眼的亡者才會那麼做，就像我在湖區遇到的那個可怕老婦人一樣。

透過這段日記可以得知，靈魂可以感知到小男孩的所思所想，而且會因小男孩的思念懷想而受感召顯現。

10月15日

我無法忍受上學。

而且我很害怕艾妮德小姐，怕到當我必須背誦法文動詞或詩句的時候，它們都從我的腦袋裡消失了，儘管我在家裡的時候都記得牢牢的，而且我的心怦怦跳的速度就像珍妮的鬧鐘一樣快。

當艾妮德小姐發脾氣時，有時候會不准我們上廁所。但今天發生了一件事，讓她得到了應有的報應，儘管事情令我覺得很糟糕。

一個叫做吉米．柯爾的男孩說：「艾妮德小姐，請問我能離開一下嗎？」

艾妮德小姐今天早上的心情格外差勁，她說：「不行，你不可以離開教室。」

然後我們繼續上課，過了一會兒，吉米．柯爾在地板上上了一號，於是艾妮德小姐必須把地板擦乾淨，她用的是平常用來擦黑板的抹布。

天啊，她真的發火了。但是她不能對吉米說什麼，因為那不是他的錯。不過當我們把作業簿拿給她看的時候，如果有任何錯誤，她就會把本子丟到地板上，要我們自己去撿起來，她說我們都足以考驗約伯的耐心（中這裡老師將學生們比喻成《聖經》人物約伯所遭受的苦難）。

10月20日

我喜歡法洛琳．赫夫納，她胖胖的，模樣有點像廚師，但是她一點兒也不嚇人，我很喜歡逗她開心。她的頭髮像稻草一樣，圓圓的臉頰很紅潤，眼睛是藍色的，前額相當突出，又肥又短的手指讓我想起香腸。

她告訴我，所有最美妙的音樂都是德國人寫的，她還引述了幾個音樂家的名字。但是整個學期我只能彈奏五指練習和音階，真教人著急。

媽媽說她有當好母親的體格，還說她曾經歷一段艱難的奮鬥。爸爸還沒見過她，所以我不知道他對法洛琳會有什麼樣的想法。

雖然爸爸不介意我去上音樂課，但是他認為音樂很愚蠢，他說他分不清國歌《天佑女王》和童謠《黃鼠狼溜走了》之間的區別。

而且，他在家的時候不准我和米爾德蕾練習鋼琴，因為那會讓他心煩意亂，無法在這種環境下看書。

11月2日

我多討厭星期一呀，因為經過了星期六和星期天之後，我就必須去上學。現在只要我一進入教室裡就會感到心慌意亂，肚子裡有一種很不舒服的感覺，回到家之後連晚餐都吃不下。

媽媽不斷問我是怎麼回事，因為我看起來好蒼白，也不想吃東西。

所以我告訴她，我認為是艾妮德小姐的關係，她讓我感到又害怕又緊張，然後我開始號啕大哭，我覺得好悲慘。媽媽覺得那可能只是我的幻想，我也許是在別的事情上不對勁，但我自己很清楚。

昨晚睡前我看到了爺爺。

爺爺對我說：「你很快就要去看醫生了，記得告訴他你學校老師的事情，這一點很重要，千萬別忘記了。」接著他點點頭微笑著，就像他在我很小的時候那樣，然後他便消失了。

可是媽媽從沒跟我說要看醫生。

> 因為來自學校老師的壓力，讓小男孩幾近崩潰，而和藹的爺爺靈魂現身來給予關懷，也有告知未來將發生的事情。

11月5日

今天是篝火之夜（中英國每年十一月五日的紀念活動日，又稱「蓋伊福克斯之夜」），爸爸的心情好得不得了，下班之後帶了好多煙火回家，讓我在睡前和珍妮一起放煙火。我、媽媽和米爾德蕾透過書房的窗戶觀賞，大家都好開心……

11月6日

爺爺說的對，今天醫生來家裡了。

剛開始的時候媽媽在房間裡，所以我不太想講艾妮德小姐的事情，不過後來有人來詢問關於訂閱之類的事情，媽媽就離開一下，讓我們獨處了一會兒。我跟他說我肚子裡不舒服的感覺，還有我的心七上八下的亂跳，因為爺爺說要告訴醫生，不過我沒講爺爺的事，因為我覺得最好別講。

媽媽付過訂閱的費用之後，那個人便離開了，然後她回到房間。沒過多久媽媽就跟我說可以上樓了。

但是後來醫生還跟她談了好一會兒，我知道，因為他的馬車待了很久，我是透過兒童房的窗戶看到的。

11月7日

昨晚我又看到那位老先生（我爺爺）了。

他笑呵呵的說：「我們派人來處理訂閱的事情，好讓你母親離開房間，不過你一個字也不能透露喔！」接著他又說：「開心點，小伙子，我們會照顧你，很快你就會聽到不用上學的消息。」

這讓我很高興，然後就上床睡覺了。

法洛琳今天幫我上課，我必須背下幾個偉大的音樂家的名字，然後寫在一張紙上，一開始先背四個。

然後她分別為我演奏他們每個人的一小段曲子，悅耳極了，在她演奏的時候，我看到了好美麗的東西。

法洛琳說，她為我演奏是因為她想讓我聽一些美妙的音樂。她說，世界上最偉大的音樂家是貝多芬。

我真的很喜歡音樂課，法洛琳很親切，所以我也很喜歡她。

艾妮德小姐今天下午不太一樣，心情頗佳。有時候我為她感到難過，因為常常生氣一定很糟糕，我知道我自己很討厭生氣的感覺。

11月8日

萬歲，我再也不用上學，總算鬆一口氣了。

我高興得可以跳到天花板上，真的可以。

（顯然那個醫生跟我媽媽說，由於艾妮德小姐的嚴厲導致我罹患神經性消化不良，或使這個毛病惡化。他還跟她說我的心臟不太好，建議讓我休學。似乎已經有好幾個家長抱怨過艾妮德小姐的教學方法，並且因為她的照顧不周而為孩子辦了休學，所以我並不是唯一的一個。

她真的不適合當小學老師，她不喜歡小孩子，又由於一段不快樂的戀情，她變成一個苛刻又怨憤的女人。

醫生跟我媽媽說，要是她先徵詢他的意見，他會強烈建議不要送我去那間學校。現在我認為艾妮德小姐可能被懷疑有施虐的傾向，或者，她也許是藉著對孩子發洩情緒，來報復自己不如意的生活。）

我不知道自己接下來會怎麼樣，我不希望葛里芬小姐再回來教我。

儘管葛里芬小姐沒有艾妮德小姐那麼令我害怕，但是她好嚴肅，什麼事情都無法讓她笑出來。

11月17日

媽媽的身體不太舒服，她連續幾天都在床上吃早餐。今天我們在餐廳時，她還來不及去廁所就吐在煤桶裡了。

當媽媽生病的時候，我很怕她會死掉。但米爾德蕾說，當人們快要死的時候，他們會變得很瘦，所以也許沒關係，因為媽媽沒有變瘦，她反而像教區牧師一樣，肚子變得好胖。很遺憾的是，她看起來不太好。

12月23日

聖誕節就要到了，我正在幫媽媽處理很多差事。她要送禮物給很多人，所以我必須一一登門拜訪，把禮物交到他們手上。她要我把一個龐大的包裹送去教區牧師的家裡。

媽媽說，當聖誕節結束後，她會很高興，但我不會。她仍然愈來愈胖，現在總是顯得很疲倦的樣子，我想不透原因。

12月26日

昨天是聖誕節，早上我們都去教會了，但牧師在布道時說了些令人難過的事情，讓我哭了一下。

威爾科克斯先生來和我們吃聖誕晚餐，餐桌上有火雞、香腸、梅子布丁、葡萄乾、杏仁、柳丁等等。我得到好多禮物，不過我最喜歡的是威爾科克斯先生送我的音樂盒，它的樂聲就像克洛夫特太太的那個一樣。郵差直到下午三點才來送信，爸爸給了他一仙令，讓他收在自己的聖誕盒裡。媽媽收到上百張的卡片，通通堆在客廳的壁爐架旁，我也收到了一些漂亮的卡片。

房子看起來好壯觀，因為到處都掛滿了由珍妮、米爾德蕾和我在聖誕節前夕買來的冬青，我們也在大廳裡掛上一束槲寄生。聖誕節晚餐之後，威爾科克斯先生陪我們一起玩遊戲，大家都玩得很開心。

到了晚上，他打扮成聖誕老人，說話像一位很老的老先生，爸爸一直笑，顯得相當開心。但是媽媽有點兒不舒服，沒有像我們一樣開心。

威爾科克斯先生到廚房去，把聖誕禮物送給兩個傭人，我和米爾德蕾也送了禮物給他們，然後他們贈以回禮。

因為是聖誕節，所以我可以晚點上床，留在餐廳裡吃宵夜。在我們上床之前，威爾科克斯先生用鋼琴彈奏了幾首耶誕頌歌，接著又表演了一些魔術。

今天我覺得有點兒想吐，不過跟在學校的感覺不一樣。天啊！我真感謝不用再看到艾妮德小姐了。昨天晚上我正覺得難以入睡時，我看到耶穌，他說他要給我特別的聖誕祝福，然後我感到很平靜，不久就睡著了。

1886年

1月1日

現在我有了新的家庭教師，他在九點十五分到十二點四十五分之間上課，十一點的時候，我們休息十五分鐘，喝牛奶，吃餅乾。

他叫做派特摩爾先生，年紀很大，我很喜歡他，一點兒也不怕他，因為他看起來既親切又隨和。他把一頭白髮梳成中分，留著像母山羊鬍一樣的小鬍子，一雙眼睛透露著有趣的幽默感，跟艾妮德小姐完全不一樣。他的鼻子跟鸚鵡的有點像——但當然不是黑色的，而且他身上有抽菸斗的味道。

他說他相信我們會合得來，我回答說我也相信如此。下午他沒有上課，不過我自己要做一些練習，明天讓他驗收。我會盡力討好他，因為我不想讓他對我感到失望。

珍妮把牛奶和餅乾端進來，等她離開之後，他問我廁所在哪裡。他說：「熟悉房子的地理環境也是很重要的。」這句話讓我笑了出來，因為我總以為地理一定跟地圖有關。

在他回家之前，他拍拍我的背，說：「打起精神，老兄，把功課做好，不久之後你將成為一個偉大的學者。」

我很高興有派特摩爾先生在，因為要是爸爸把我送去另一個可怕的學校，裡頭有愛喧鬧的粗魯學生，我不知道自己會變成什麼樣（即便是在弗朗普敦小姐學校，我也是被體格比較壯碩男孩霸凌的受害者，他們以折磨我為樂）。

今天晚上爸爸回到家的時候說：「嗯……你和老師相處得怎麼樣？」我說，我覺得他就是我最想要的老師。

爸媽都開心的笑了，媽媽說：「他是從哪裡學來這些詞語的？」不過爸爸說，他很高興聽到我喜歡派特摩爾先生，他告訴過派特摩爾先生，他必須對我嚴格些，不過一定不能對我發脾氣和嚇唬我。

1月19日

我希望上帝從來沒有創造過冬天，天色一整天都好陰暗，我們不得不使用煤氣，外頭有難聞的霧氣，我還長了凍瘡，冷到不知道該怎麼辦才好。廚房是唯一舒適的地方，裡頭有燃燒旺盛的灶火和剛出爐的麵包香。我希望自己能住在廚房裡，它有點像度假別墅裡的小房間，我喜歡那樣。

派特摩爾先生今天抵達的時候說：「天啊！天啊！這樣的天氣真是太可怕了，這就是所謂的可以聞得到的黑暗。」

假如派特摩爾先生不喜歡某件事情，他會說它太可怕，而當他喜歡某件事情時，他會說：「那相當令人滿意。」

不過，即使當他說某件事情太可怕的時候，從他的眼神看來，好像他不覺得那真的有多可怕似的，也許他只是在開玩笑。

當然，當我在練習題上犯了很多錯誤時，他並不認為那很好玩，而是看起來有點難過，那令我對自己感到羞恥。

遇到這種情況，他會說：「呃……這個……今天有點令人失望，我們一定要再努力做得更好，嗯？」當他高興的時候他會說：「就是要這樣，相當令人滿意。」然後我當然覺得非常開心。

艾妮德小姐從不說誇讚的話，即便我們一點錯誤也沒有，所以幹嘛討好她？那個壞脾氣的人。能遇到派特摩爾先生，我真的好幸運。

1月25日

今天我跟米爾德蕾說：「我希望媽媽沒有變得這麼胖，她現在跟喬琪娜一樣胖。」然後米爾德蕾說：「喔，她很快就會瘦回來的。」我說：「妳怎麼知道？」她說：「你別管，我就是知道，是學校裡的女孩告訴我的。」我說：「別開玩笑了。」

說到這裡，我發現媽媽的光芒變得很有趣，不過我想不透原因……所以我想問問米爾德蕾，她有沒有注意到任何事情。她說：「什麼？你是說你還在假裝看得到那個愚蠢的光芒？我以為你不再說那種鬼話了。我想你是精神失常，要不然就是我所遇過最愛說謊的人。」我說：「妳才愛說謊，要不然妳就是跟蝙蝠一樣瞎了眼。」她大叫：「噢，去死吧！」

米爾德蕾上學之後也沒變得更有禮貌，真應該讓艾妮德小姐那種老師來教她，挫挫她的銳氣。居然說我撒謊！

從去年察覺到媽媽不舒服，直到現在的觀察記錄，小男孩看見媽媽的光芒「變得很有趣」，這表示人體產生重大變化時，靈體也會產生變化。

2月2日

好奇怪，我要去跟茉德舅媽住一個禮拜，問題是現在根本不是假期。茉德舅媽星期四要來接我，當然，我一直很喜歡住在海洛嘉特，但我知道事情會變成什麼樣子——當我要和派特摩爾先生說再見的時候，我會號啕大哭，然後他會覺得我是個頑童。

我問媽媽為什麼要這樣安排，她說：「改變一下對我比較好。」但那不是真正的原因，因為米爾德蕾也被送到另一個地方……我以為至少珍妮會透露點消息，但她沒有。「別問我，我不想撒謊。」這就是我得到的答案。

不過她確實有說，當我回來的時候，我也許會發現美好的驚喜。但不知怎麼的，我有一種感覺，那份驚喜不會像珍妮說的那樣美好。

2月3日

我跟派特摩爾先生說，明天當我要動身前往海洛嘉特的時候，我不喜歡說再見，因為我通常會號啕大哭，那讓我覺得很丟臉。他告訴我，我不需要感到丟臉，因為很多人都不喜歡說再見，但如果我會感到不安，他不去注意這件事就是了，那樣或許我便不會那麼介意，況且只有一個星期而已。

所以我感到很放心，並且很高興我有事先告訴他。然後我們一起讀了一點莎士比亞和狄更斯的作品，我喜歡大衛．科波菲爾（中 David Copperfield，是狄更斯作品《塊肉餘生錄》的英文書名，也是作品中主角的名字），某些內容我記得很熟。

2月8日

我又來到了海洛嘉特，舅媽對我疼愛有加，在我的臥房裡擺了一個小火爐，我待在床上的時候喜歡望著它，有時候我可以看到火仙子在火焰裡跳來跳去。有一個有趣的老頭在我床邊待了兩個晚上，他有點像大狗似的會發出咕噥聲，每次他坐下時都這樣，有時候他不回答「是」，而是嘴裡一直嘀咕著。

他叫做波特先生，他沒說太多關於自己的事情，只是一直坐在那裡抽雪茄，神情看起來很落寞，但我喜歡那個味道。他知道怎麼用雪茄煙吹出圓圈，動作很俐落。有時候爸爸也會試著吹出圓圈，但成功的次數不多。

今天下雨了，雨裡頭夾帶著雪，這種天氣真可怕。我希望冬天能夠趕快過去，不然，若像今天這樣，我都沒有辦法出門。不過我寫信給派特摩爾先生了，因為他說他希望收到我的信。他希望我學習把信寫得很流利，他說，信能寫得流利就是一種恭維（我認為他當時說的應該是「一種成就」）。這間房子比我們家溫暖，我很喜歡。我內心有一種聲音在告訴我，媽媽身體狀況很差，我很怕她快要死了，但不知怎麼的，我知道她不會死（就在這一天，我妹妹出生了，我媽媽真的歷經了千辛萬苦）。

昨天我到花園裡待了一下，那個地精還住在老樹裡，不過我沒有看到他在草地上到處亂跑。也許他不喜歡冷天氣，誰曉得？我預計在星期五回家，嗯，讓我們拭目以待。我有預感，家裡會寄來一封信，然後我會繼續待到下個禮拜，不過我不知道為什麼。

出現了一位陌生落寞的靈魂——波特先生。

母子間的超覺感應，媽媽生產的痛苦，讓小男孩感應覺得媽媽好像要死了，然而隨之而來的是新生命的來臨，而不是死亡。

2月10日

舅媽允許我取來一張舊椅子坐在溫室裡，不過她笑著說，我選的地方很奇怪。我喜歡這個地方是因為這裡很暖和，而且我喜歡這裡的味道，所以我帶了一本書到這裡閱讀。有時候老園丁會來照顧花，我趁他在澆水和做其他事情的時候和他聊聊天。

我跟他說，地精仍然在那裡待得好好的。他說：「你不是在開玩笑吧？」我說：「沒開玩笑，他還在那裡，我很肯定。」他說：「嗯……那是一棵很好的老樹，不過我們最近會修剪一下。」我有點緊張的說：「但你不會把樹砍掉吧？因為如果你那麼做的話，我想會傷了那小傢伙的心，他似乎對他的樹很自豪。」園丁說：「放心吧，主人，我們不會那麼做的。我們只會修剪掉頂端的一些枝芽，之後它們會長得更茂盛。」

我說：「我很高興聽你這麼說。」然後他笑了出來，說我有點古怪之類的。

茉德舅媽剛剛告訴我，她收到爸爸的來信，我要到下個禮拜才能回家。萬歲！然後舅媽又告訴我，我有一個妹妹了，她看起來好興奮喔。我問：「她幾歲？」舅媽很驚訝的說：「幾歲？她只是一個小嬰兒。」我說：「喔，我了解了。我只是想知道一下，因為，既然是醫生把她放在包包裡送來的，他們不見得都一樣大吧？有可能他們把嬰兒保存了一陣子，就像保存雞蛋那樣，然後再送來，對吧？」

舅媽似乎覺得我的話很有趣，笑個不停，她說：「這個嘛……不管怎麼樣，你高興嗎？」我說我不確定，我要想一下，因為我對家裡有一個小嬰兒並不太感興趣，他們會流口水，會吵鬧，還會散發出臭味。當媽媽要我親老古板太太的小嬰兒時，我覺得好可怕。舅媽說：「天啊，你真是奇葩。」

我很好奇，為什麼大家都覺得我是奇葩，奇葩到底是什麼意思？

2月11日

今天茉德舅媽說，我吃完早餐後應該馬上坐到書桌那兒寫信給爸媽，告訴他們我很高興有了一個可愛的小妹妹。可是我說：「我怎麼能那麼說？因為實際上若以我見過的小嬰兒為參考，我覺得她應該很醜。況且，我並不是很開心，那我怎能說我開心呢？」

這似乎讓舅媽有點為難，不過她很和善，並沒有生氣。她努力思考了一分鐘之後說：「這個嘛……我來告訴你我們要怎麼做。我會編點東西給你寫，之後你可以添加上其他你想要寫的事情。」我說：「很好，舅媽，那樣會皆大歡喜。」她笑了笑，然後坐下來用鉛筆寫了些東西給我，我再把它抄到信紙上，跟爸媽說我恭喜他們有了家庭新成員，希望新妹妹長大後能為他們的晚年帶來歡樂與安慰。然後我告訴他們，我在茉德舅媽和約翰舅舅家裡很開心，他們對我很好等等。

當我跟巴佐（我表哥）說我有了新妹妹，媽媽變得很胖等等事情時，他嘲笑我說：「或許你現在應該相信嬰兒不是醫生放在包包裡送來的了？芳妮嬸嬸（我母親）變胖，是因為她的肚子裡有一個小嬰兒，當小嬰兒出生時會很痛苦，所以他們把你和米爾德蕾安置到別的地方，因為當有人生孩子的時候，總是一團混亂，沒完沒了的。」

我覺得這一切聽起來好嚇人，但也許巴佐是對的，可是為什麼大家都要告訴我這麼可怕的謊話？

2月17日

我回到家了。媽媽躺在床上，看起來很虛弱，有一位護士在照顧她，還有另一位護士在照顧小寶寶。我喜歡這樣，不過我覺得小寶寶看起來好醜，米爾德蕾也是。

珍妮、喬琪娜和那兩位護士假裝小寶寶很可愛，還發出像斑鳩一樣的咕咕聲。當屋子裡有小寶寶的時候，女人們會不停的談論，還會假裝他身上有香香的味道。我長大以後才不要結婚，對於此事我已經下定決心了。現在家裡真的是不得安寧，珍妮、喬琪娜和瑪貝爾（那個照顧小寶寶的護士）起了爭執，為了布置育嬰室得一會兒做這個、一會兒做那個而抱怨不已，令我想當場嘔吐。耶穌說過：「小孩子們要彼此相愛。」不過我想，大人在彼此相愛這件事情上做得不夠多，確實如此。

今天我問米爾德蕾：「如果小寶寶是從女生的肚子裡跑出來的，那一開始他們是怎麼被放進去的？」但是她不告訴我，因為她說我還不夠大。但如果你問我，我相信她自己也不知道。

威爾科克斯先生今天來訪，上樓到媽媽床邊和她聊天。他送給媽媽一串漂亮的葡萄，也給了我一些糖果。他們打算把嬰兒取名為葛萊蒂，教區牧師會來為她施洗，威爾科克斯先生也會在場。施洗之後他們會拿一杯香檳，說是要用來弄濕小寶寶的頭。我問：「你們要把香檳倒在小寶寶頭上？」爸爸說：「不，我們要把香檳灌到自己的喉嚨裡。」他說香檳很貴，所以不能浪費，只會取一點輕拍在小寶寶的全身。但是，天啊，她發出好大的叫聲抗議著。

米爾德蕾說，如果小寶寶哭得很大聲，有時候是得了疝氣。可是看她的樣子似乎不願意告訴我疝氣是什麼意思，我就自己去查字典，字典上說是破裂或迸開。我的天啊，要是在經歷了這一切辛苦之後，小寶寶突然破裂了，可憐的媽媽一定會很難過的……

喔，我忘了說，威爾科克斯先生會是她的教父，而艾格妮絲表姊在結婚前會成為她的教母。

2月18日

今天早上我發現一件詭異的事情，嚇了我一大跳，差點沒嚇死。派特摩爾先生把我在海洛嘉特寫給他的信拿給我看，指出幾處拼字和文法錯誤，不過他說整體上很好。他說，他覺得我假裝看到地精在老樹裡的事情很有意思。

我說：「假裝！我沒有假裝，我真的看到他了，就像我上次在舅媽家看到他一樣。」

然後派特摩爾先生看起來相當嚴肅的說：「你是個誠實的孩子嗎？」

我說我對這類事情是非常真誠的，絕對沒有說謊。

他說：「你不覺得也許是你有很豐富的想像力？」

我說，我很確定那不是我的幻想。

「嘖，嘖，嘖，」他仍然顯得很嚴肅，說道：「我們稍後再來探討這件事情。」然後我們繼續上課，但這件事情還沒結束。今天珍妮把牛奶和餅乾端上來的時候，我們在上地理課，我們正看著加拿大的地圖，派特摩爾先生說他曾經去過那裡。

我不知道為什麼，但今天早上我的感應力又出現了，所以趁著他喝牛奶的時候我說：「如果你不生氣，我就跟你說件事情。」然後他承諾說他不會生氣。

所以我就說了：「當你搭乘大船去加拿大的時候，你愛上了一位小姐，對吧？而且你希望她能當你的太太。但後來你到了加拿大之後，你有一陣子沒見著她，當你再見到她之後，你有些失望，覺得你一點也不想要她當你太太了。」

派特摩爾先生看起來驚訝極了，說道：「嗯……我太詫異了，你是怎麼知道的？我自己都快忘記了。」

我說我不曉得自己是怎麼知道的，就是突然出現在腦子裡。

他似乎無法克制自己對這件事的感受，說道：「嗯……這太奇特了，過去我從不相信通靈眼的存在，但現在我認為你一定擁有這種能力。你有更多事情可以告訴我嗎？」

我正要說沒有的時候，我看到一個戴著一頂大帽子的古怪男人（的靈魂），然後那靈魂說：「問問他記不記得山姆．諾斯，以及那天我們所捲入的麻煩。」

於是我便問他，然後他看起來更吃驚了，他說：「我記得很清楚，他是我遇過最聰明的人之一，還有，那天他救了我一命。」

我說：「這個嘛……他現在就在這裡，你看不到他嗎？」

「別逗了，」他似笑非笑的說：「我當然看不到他，但願我可以。」這似乎令山姆・諾斯很高興，於是他面露笑容，開心的說：「告訴他，當他這裡的事情結束之後，他會見到我的。」

真糟糕，現在我必須上床睡覺了。

沒有藉由其他靈體的告知，小男孩腦海裡可以感受到派特摩爾先生過去曾經發生的事情。

2月19日

昨天我寫到一半就必須停下來，因為媽媽來道晚安，送我上床睡覺。

所以現在我要繼續寫。

在我跟派特摩爾先生說了這一切之後，他驚訝得不得了，說他太詫異了，當派特摩爾先生很驚訝的時候，他總是說他很詫異或訝異。然後他說我是一個很奇特的小伙子，他不知道該如何理解這一切，因為他真的不曉得我是怎麼知道船上那位小姐，以及那個戴著大（牛仔）帽子的男人。

後來我說：「嗯……那個地精不是我編造出來的，現在你相信了嗎？」他說他當然不認為我是在說謊，雖然他懷疑是不是有別的方法可以解釋。然後他承諾說，他會告訴我他在加拿大差點喪命的故事。於是今天在喝牛奶和吃餅乾的時候他說了，好刺激喔！

今天下午法洛琳來了，我上了音樂課，現在我可以彈幾段很短的樂譜。

教區牧師來訪，上樓到媽媽的床邊探望她。他送給她一束花，我覺得她很感動。

（很顯然，由於日記寫到一半我就被送上床睡覺，所以我遺漏了最重要的一件事。在前一篇日記中，我在開始的時候暗示我得到了一個重大的發現，但我完全忘記提到這個發現是什麼——最後，我透過老師和上面提到的事件間接得知，我的能力是獨特的，或者至少並非每個人都擁有，這一點在後來是很明顯的。順便一提，我的感應能力讓派特摩爾先生太震撼，後來他著手研究通靈術的學說，最後成為堅定的通靈主義者。不過在當時，我自己從來沒聽過與通靈相關的事或現象。）

日期不詳

媽媽又在看著自己了，她的肚子已經不再胖得和教區牧師一樣。我想那是小嬰兒的關係吧，還有，醫生把小嬰兒放在包包裡送來的說法，真是太荒謬了。我心裡知道那是怎麼一回事，不過為了好玩，我今天想問問法洛琳，小嬰兒是怎麼來的。

她尷尬的笑一笑，說是白鸛送來的。但當我問白鸛是從哪裡得到小嬰兒的，她說：「也許牠們飛到上帝那裡，然後從天堂帶下來。」於是我說我沒有在附近看過任何白鸛，只有走起路來搖搖晃晃的母雞。

過一會兒，她說：「牠們晚上的時候才會來，所以你沒看到牠們。」我笑了出來，「妳少唬我了。」她也笑了，對我搖搖手指頭，說：「小男孩，你知道得太多了。」

3月21日

爸爸說今天是春季的第一天，一直以來天氣都很好，充滿陽光又暖和。「真的！應該早起，好聽聽鳥兒發狂似的鳴唱，公雞在院子裡報曉，母雞咯咯咯地喚小雞，好看看蟲子在樹上愈吃愈胖，像塗了漆一樣黏乎乎的。」媽媽說，三月像獅子一樣地來臨，也許現在它已經開始像小羊一般地離去……

我不知道珍妮怎麼了——但至少我可以想像，因為我有一種感覺，她戀愛了。她的光芒也不一樣了，變得更粉紅。不過我不會揶揄她，因為當我戀愛時我討厭被揶揄，不過我必須說，現在我沒有喜歡上誰。

說來真奇怪，每當我陷入愛河時，某一天早上我醒來，不知怎麼的，突然間我就不再愛了，這確實很令人困惑。現在我確定米爾德蕾不像我這樣，因為我敢打賭，她仍然一心念著那個長得像馬的助理牧師。她的品味很奇特，但或許那是因為她為他感到遺憾，因為爸爸說他看起來不太堅定。

媽媽的老閨密香柏斯太太，今天從約克過來吃晚餐，她邀請我去她家住，陪她過復活節，所以我在跟派特摩先生說再見之後就要過去了。

香柏斯太太的臉滿有趣的，它從前不是那個樣子，起初我想不透原因，但後來我發現問題在於她的眼睛。她的上眼瞼上有睫毛，那沒問題，可是下眼瞼上一根睫毛也沒有。如果她要跟香柏斯先生一樣沒有眉毛什麼的，然後必須戴假髮，那也很好。但米爾德蕾說，那是種疾病。

耶穌受難日 星期五

我在星期三抵達這裡，是媽媽親自送我來的。當她在打包我的行李、把我的寶貝通通裝進去的時候說：「記住，不管你做什麼，都不要發表個人評論。」我說：「妳是指香柏斯先生的假髮嗎？」她回覆：「我是指任何事情。你一定要隨時隨地都很守規矩，香柏斯太太是個很講究的人。還有，注意你在教會裡的禮儀。」所以我只能答應說我會做到。

我問：「為什麼香柏斯夫婦沒有孩子？是香柏斯太太不孕嗎，就像《聖經》裡有些女人那樣？」媽媽想生氣，但只是笑了笑，不過她告訴我，我真的不該用我不了解的詞彙。我說：「但它出現在《聖經》裡。」她說：「我不管，《聖經》裡有很多東西是你這個年紀還不了解的。」

我討厭耶穌受難日。因為人們太邪惡，所以耶穌要被釘在十字架上處死，一想到這裡就覺得好可怕，我也討厭今天的布道，因為那個牧師害我在教會裡表現得太感動了。香柏斯夫婦非常虔誠，每天早上吃過早餐後，香柏斯先生會唸祈禱文，這時所有的傭人和男管家都會進來跪在地板上。昨天進行到一半的時候我想離開餐廳，但當然不行，因為情況會變得很尷尬。在那裡沒什麼事情好做，所以我讀了很多書。

今天晚餐過後，香柏斯夫婦在椅子上睡著了，香柏斯太太的鼾聲大到不斷把自己吵醒，然後她試著讓自己看起來像是根本沒睡著過一樣，結果她又睡著了。我很好奇，為什麼有些人要表現得好像睡覺是做錯事似的，所以得假裝他們沒有這麼做？我覺得他們沒有必要感到羞愧，但有些人就是這麼可笑。

昨天有一位湯馬斯太太來喝茶，她講話好古怪，害我差點笑出來。香柏斯先生是她的律師，說她是法國人，後來嫁給英國人湯瑪斯先生。她像法國人一樣省略掉所有的h音和s音——根據香柏斯先生的說法，至少是這樣。她一直把香柏斯先生叫成香柏先生，聽起來很不禮貌，我很努力地忍住不笑出來（我猜，她以為s是不發音的，就像pot de chamber裡的t一樣）。

香柏斯夫婦養了一隻可愛的小狗，我們會在花園裡一起玩耍，但我必須說，香柏斯太太跟牠說話的方式有點愚蠢。她會叫牠「我的小寶貝貝」，問牠是不是準備好要「吃飯飯」了，以及想不想出去「散步步」等等。香柏斯先生也沒好到哪去，我猜他是跟香柏斯太太學的。我希望我們可以養狗，但爸爸說不行，我很想養大約二十隻各種品種和各種大小的狗。等我長大後有了自己的房子，或許就能養了。我會養狗，而不要娶太太，我會養幼犬，而不要養小孩。

我們在下午茶的時候吃了熱熱的十字包，香柏斯先生朗誦著：

熱十字包，
熱十字包，
如果你沒有女兒
就把熱十字包給你的兒子吧！

復活節 星期天

今天我們去了主教座堂裡的教會，我聽到好優美的音樂和歌聲。那裡由主教講道，他看起來就像包裹在一對滑稽衣袖裡的巨大嬰兒。為什麼牧師都要穿成令你想到睡袍和小嬰兒的樣子？難不成，他們以為讓自己看起來像小孩就比較容易上天堂，因為耶穌說「讓小孩子到我這裡來，因為天國是屬於他們的」？但不知怎麼的，我覺得不是那樣。不，一定有其他原因。

今天早上我坐在主教座堂裡的時候，我對許多與上帝有關的事情感到好奇，雖然媽媽會說那是壞孩子的想法，因為質疑大人告訴我們的事情是不對的。然後，突然間我看到了耶穌，他說：「孩子，有想法絕不是壞事，但是把自己的想法告訴別人不見得是明智的。」他對我微微笑之後就消失了。

所以我現在會想得更多了，因為，如果耶穌說有想法不是壞事，我就不用在意別人怎麼說。當然，我知道媽媽既善良又和藹，但她並不像莎士比亞那樣聰明，也不可能什麼事情都知道。我想知道的是，如果上帝創造了世界和每一樣東西，為什麼他也要創造惡魔，讓它到處去誘惑人們變得邪惡？依我看，在上帝剛開始創造世界的時候，不要想到創造惡魔就好了。

香柏斯夫婦常去的那個教堂，今天下午有一場兒童禮拜式，所以他們的傭人之一安妮會陪我一起去。牧師講有關於傳教士和異教徒的事，並要求我們捐出零用錢，這樣我們就能被教導認識基督，不用下地獄了。他說在像印度這樣的地方，有數百萬、數千萬的人，如果我們不把存下來的錢放進傳教箱裡，就沒有足夠的傳教士前去傳教。但我真的覺得，上帝創造了數百萬計從來都沒有機會聽到福音的異教徒，也未免太極端了。

復活節 星期一

媽媽跟香柏斯太太說過，我可以自己出門，不會有問題。所以今天早上我去了主教座堂，那裡沒有舉辦任何活動，只有一些來參觀的人在四處走動。

我閒逛了一會兒之後覺得累了，便坐到一根柱子後的長椅上，那裡安靜又舒適。然後我又想到那些貧窮的黑人，以及昨天那個講道的人提到傳教士，說有時候他們進到食人族區就被吃掉了。

我覺得，傳教士去到那種地方被吃掉，真是一點也不公平，因為上帝創造了很多不認識耶穌基督的黑人。

突然間我又看到耶穌了，我聽到他說：「孩子，別煩惱，眾多人所相信的事實，只是捕風捉影，其中許多並非真理。《聖經》中寫道，『凡祈求的，就得著，敲門的，就給他開門。』但是人們從那些沒有祈求的人那裡得到了東西，因此，他們內心幾乎沒有真理。好好思索這個問題，你會豁然開朗。」

他跟我說，我絕不能告訴別人我看到他和他對我說的話，不過如果我想的話，我可以寫下來。然後他在祝福我之後便消失了（不用說，我是靠「超聽力」聽到這一切的）。

媽媽和米爾德蕾會在星期三來接我回家，離開時我會難過的，因為我喜歡約克，我喜歡有懷舊感的地方。

日期不詳

今天，大人同意我和阿諾、亨利三個人帶著三明治，散步去遠方的森林裡採藍莓。今日天氣和煦，我看到很多小矮人在對一棵老山毛櫸的葉子做某種事情，但我看不出來他們真正在做什麼。他們的裝扮過時，身上的衣服很滑稽，像是古代人穿的。他們的臉上總是掛著微笑，似乎玩得很開心。我也看到很多小精靈。

趁亨利到別的地方忙著採藍莓的時候，我跟阿諾說我看到的東西，他說他看不到他們，但是他很有禮貌，不會嘲笑我，所以我不介意把這種事情告訴阿諾。但當然，我不會跟他說耶穌的事情。不過我沒有告訴亨利，因為我覺得他也許會去跟他爸爸（教區牧師）說，然後他爸爸也許會偷偷跟我媽告狀。

森林裡有一條美麗的小溪淙淙流過，我們跳到溪裡玩耍，亨利和阿諾朝對方潑水，弄得全身都濕透了。

亨利的表情變得好難看，他說有一天他爸爸抓到他把衣服弄濕，跟他說，如果他不小心一點，可能就會像那樣一直跟衣服黏在一起。但他說：「我當然不相信他。」

亨利也很會弄出打嗝聲，只是為了好玩，他還為我們表演了一手。不過當做得有點過火的時候，那就變得噁心了。他說他爸爸晚餐後有時也會打嗝，然後裝作只是在咳嗽的樣子。

阿諾會倒立，我也試了，但都不太成功。亨利靠著一棵樹倒立，結果跌到一堆有刺的樹叢裡，讓他好尷尬。

吃了三明治後，我們又採了些藍莓，然後散步回家喝下午茶。後來媽媽問我亨利有沒有說什麼關於他爸爸的事。我想我不能亂講打嗝的事情，否則可能會惹她生氣，於是我跟她說，亨利說他在晚餐後有時會消化不良。我想這樣應該可以吧，因為打嗝應該是消化不良造成的，所以，這麼說沒關係吧？

5月1日

今天我被邀請到查理．巴尼斯家裡喝下午茶。比起我們在艾妮德小姐班上坐在一起的時候，我不覺得他有瘦了多少。他依然去那裡上學，我問他怎麼能忍受她可怕的脾氣。不過查理是個另類的傢伙，他說她的脾氣對他而言沒多大影響。我想他已經胖到不在乎任何事情了——除了鳥蛋之外。當艾妮德小姐心情不好的時候，她會叫他懶又笨先生，我覺得那樣太過分了，如果他是個笨蛋，那他本來就沒有能力去改變他的本質。

喝過茶之後，他把他的蛋拿出來，其中有些是我見過最漂亮的，但我不得不說，我覺得從可憐的小鳥那兒偷了牠們高高興興放在巢裡的蛋，是既殘忍又卑鄙的伎倆。不過他的觀點不一樣，所以就算跟他說了也沒用。

當有人跟查理說話的時候，他會像隻牛似的看著對方，只不過，我見過有些牛的眼睛非常漂亮，他卻沒有那樣的眼睛。媽媽很怕牛，當我們在湖區的時候，有一次她躲到門後去，我猜她以為牛要用頭撞她才這麼做的吧！

查理有一本鬼故事書，他問我相不相信有鬼，我說相信。他問我有沒有看過鬼，我說我看過很多鬼。他說：「以你的名譽保證？」我說：「以我的名譽保證。」他說：「嗯……我沒看過。難道你不怕？」我說：「善良的鬼就不用怕，但我不喜歡討厭鬼。」

他說：「傭人說這間屋子鬧鬼，但爸爸說那都是胡說八道，當我們談論此事的時候，他會大發雷霆。傭人們覺得聽到了有人走上樓的聲音，但他們沒看到任何東西。」我說：「我覺得他們是對的，我親眼看到了，那是個年輕女性。她穿的裙子四周蓬蓬的，而且還發出一種聲音。不過你一定不能告訴別人，因為那可能會讓我被罵。」查理說：「我說，你是認真的嗎？還是在開玩笑？」我說：「真的，以我的名譽保證。」他說：「好傢伙，你這樣說讓我感到很有趣。」我說：「沒關係，她不會傷害你的。她是很正派的鬼魂，沒有惡意。」然後到了回家時間，我便離開了。

小男孩不只看得見，還聽得到非人講話的聲音。

5月8日

今天是小寶寶受洗的日子，當牧師把她弄濕的時候，她又哭又鬧的。艾格妮絲表姊來當她的教母，她即將在七月結婚，到時米爾德蕾會盛裝打扮，成為伴娘之一。

媽媽說艾格妮絲表姊看起來光彩照人，她的光芒確實是漂亮的粉紅色，我想那是她陷入愛河了。

她結婚後就會變成弗萊得．霍普金斯太太，那有點可惜，因為霍普金斯聽起來不太像一個姓，不過媽媽說他是最紳士的年輕人，看他的照片就知道了。星期一他會來接艾格妮絲表姊回伊爾克利，所以到時候我們就能認識他，並且親眼看看他。

施洗儀式過後，牧師和威爾克科斯先生等人回到屋子裡，他們每個人手中都拿著一杯香檳，正是爸爸拿去幫小寶寶施洗的那瓶酒。香檳裡有好多氣泡，牧師打了一次嗝，但假裝只是咳嗽，可是我很清楚。米爾德蕾表現得很規矩，而且很害羞，因為她的心上人艾默里先生也在場。我仍然想不透她到底看上他哪一點，誰也不知道。

牧師輕輕拍拍我的頭，說我長得好大了。真無聊！我知道我距離長大還很遙遠，所以，為什麼要假裝我長大了呢？我猜，他以為那樣說會讓我開心吧。這個嘛……我沒有，所以他還不如閉上嘴巴。小寶寶的模樣已經不像之前那麼醜了，不過這也算不上稱讚。

透過小男孩對表姊光芒顏色的敘述，讓人直覺地相信，當一個人沉浸在浪漫愛情的氛圍時，靈體散發的光會是粉紅色的。

5月19日

自從上次我跟派特摩爾先生提到船上的女士和戴滑稽帽子的男人之後，他似乎開始喜歡在點心時間問我各式各樣的問題，他想知道我還看過什麼其他東西。他告訴我，他正在看一本叫做……他說了一長串跟什麼靈學（通靈術）有關的東西，不過他不能把所有的內容都告訴我，因為他覺得我母親會很震驚。

所以我問他，那本書是不是很粗俗。他笑了一笑，說它一點也不粗俗，但有些人認為它很邪惡。

然後他問我，我母親對我看到東西有什麼想法。我跟他說，我再也不敢告訴她這種事，因為她會很生氣，以為我在說謊。他說：「哈哈，我想也是。」

然後他跟我說，很多聰明人都相信鬼魂的存在，連莎士比亞也曾把鬼魂寫進他的劇作裡。但直到他遇到我之前，他一直以為鬼魂是無稽之談，寧願莎士比亞沒有寫到它們。

星期六他要來接我，帶我去和他太太喝茶，因為他說她想見見我，然後他再送我回家。我很好奇他太太長什麼樣子，到時會很有趣的。

我覺得，派特摩爾先生是我的良師，也是益友。但當我想到艾妮德小姐時，就只能大叫——天啊！

可憐的爸爸腰在痛，走路時像老公公一樣彎著身體。米爾德蕾在背地裡笑他，說他看起來很滑稽。確實如此，但那有點兒不公平，因為媽媽說那真的很痛。

5月23日

很煩人的是，媽媽說我在星期天只能寫一些神聖的事情，因為我本來想寫昨天在派特摩先生家的茶會，現在我得等到明天才能寫，我真希望媽媽沒有這麼吹毛求疵。今天米爾德蕾在看小說的時候，被媽媽逮個正著。媽媽說在星期天看小說是有損品德的，就把小說收走了。但我知道爸爸會在安息日看小說，因為我看過他那麼做。

今天下午到主日學校去，我不太喜歡主日學校，有好多窮人家的小孩，他們身上的味道好難聞。有時候牧師會在結束前出現，並且演奏一曲聖歌。我覺得他只是想像自己把風琴彈得很好，其實他彈錯了好幾個音。如果讓法洛琳聽到的話，她只會覺得他很蹩腳，並做出可怕的表情。喔，差點忘了，派特摩爾先生說我不能用那個詞。他說像赫柏斯（園丁）那種人用那個詞沒關係，但我就不適合了。好吧，我下次不會了。

5月24日

今天不是星期天，所以我可以把星期六茶會的事情寫下來了。

派特摩爾先生的太太有點讓我想起柏德太太，媽媽說她有著謙虛平凡的體態。對於一個成年人來說，她的體形很嬌小，不過她很親切、和藹，我喜歡她的光芒。他們住在鎮上另一邊的一個聯排屋裡，他們的房子並不像我們的那麼大，但很舒適。我們享受了一頓豪華的下午茶，有抹上熱黃油的醋栗麵包、大量的果醬，還有灑滿糖霜的小蛋糕。派特摩爾太太不斷地要我多吃點，說那裡除了我以外沒有別人。

喝過茶之後，派特摩爾先生坐在他的扶手椅裡抽菸斗，那股味道很好聞，我看見一隻黑色的大狗坐在他腳邊，於是我問：「你們曾經養過一隻黑色的大狗嗎？」他們看起來有點難過，跟我說他們以前有一隻叫約克的狗，但去年秋天死了，他們好奇我為什麼這麼問。我告訴他們，我看到牠坐在椅子旁，牠知道我們在談論牠，因為牠在搖尾巴，我的話似乎令他們又驚又喜。

派特摩爾太太說，派特摩爾先生告訴她，我是一個很聰明的小男孩，擁有通靈眼。這讓我有些害羞，因為那彷彿是在說，我是一個很聰明的小男孩，因為我不用眼鏡就能看到東西。

但我不能那麼跟她說，所以我只是謝謝她的稱讚。媽媽說，當有人說了善意的話時就要這樣做，我覺得這真是個好主意。

派特摩爾先生說，他一直覺得動物應該是有靈魂的，但大部分的人認為沒有。所以當我跟他說我看到他的狗時，他非常高興，他太太也是。我很好奇，為什麼當我告訴派特摩爾夫婦我看到東西時，他們可以接受，但媽媽只是生氣和說那樣不對，我必須說，那真的太令人困惑了。

在回家之前，我看到一個男人自稱是派特摩爾太太的爸爸，儘管他看起來沒有很老。當她問我他長得什麼樣時，我跟她說，他的臉有一點奇怪，因為他的牙齒向外突出。然後她非常驚訝，說沒錯，因為她爸爸確實有暴牙，他在她十歲的時候就過世了。他（靈魂）要我告訴他們，他常常在這裡，只是他們看不到他，他很高興我今天來了，因為這樣我就能把訊息傳遞給他們。他說他希望他們能夠堅持不懈地去了解那個跟「通」開頭有關的事情（通靈術），因為那會讓一切（對他們的生活）有所不同，靈魂對這種知識感到很開心，長久以來他們都知道我能夠看到東西。

他還說了很多話，但我沒能一一牢記下來。無論如何，派特摩爾夫婦非常高興，我也玩得很開心，所以到了該回家的時候就覺得很可惜。我真的覺得，幫助人們感到快樂是一件極好的事情。不過後來我希望我沒有吃那麼多蛋糕等點心，因為我有點兒胃痛。

派特摩爾先生剛送我到家門口，媽媽便出來了，她謝謝他對我的關照，說希望我今天很乖。然後他對她說，我是個很優秀的小紳士。哎呀，要是她知道我今天說了些什麼就不妙了。唉，如果她這麼在意，那就讓她自己去操心吧！

小男孩第一次提到動物靈，但這裡讓人感受到情感牽絆的力量。而針對派特摩爾太太的父親的靈體，小男孩表示他看起來不老，這讓人不禁思考，人死後的靈體樣貌，是否維持著死亡當時的樣貌？

6月7日

珍妮在發出訊息，我感覺有些不對勁，因為她的光芒看起來有些不一樣，有點像艾格妮絲表姊的光芒。

不知道她是不是要離開我們，去嫁給那位叫做亭格米柏的糕點師傅，如果是這樣的話，我會非常想念她的。

但或許情況不會太糟糕，因為她不會離得太遠，而且我敢說，當我去買糖果的時候就能見到她。媽媽覺得很不方便，因為珍妮跟我們在一起很久了，現在她得去找另一個傭人，也許連珍妮一半的好都沒有。

6月15日

派特摩爾先生發現，我看到圍在人們四周的那一圈光芒，叫做光環，他也教我怎麼拼這個字。我們在點心時間討論很多關於光環的事，那似乎讓他很開心，因為他問了我一堆問題。

我跟他說，有些人的光環又髒又濁，簡直一團糟，但有些人的光環很好看，有許多亮麗的色彩。也有人的光環有分明的邊緣（也就是說，它們有一個明確的輪廓），例如媽媽的；而有些人光環的邊緣變得愈來愈薄，跟一朵（融化中的）雲一樣。

（後來我發現，我所說的那種「又髒又濁」的光環，代表著完全缺乏情緒控制，幾乎沒有思考能力，而有明確輪廓的光環代表著守舊。）

我跟派特摩爾先生說，他的光環很漂亮，有黃色也有粉紅色，還有一點綠色和藍色，他顯得非常開心。

隨著經驗與年紀增長，小男孩對人體外圍的光環做了較明確的敘述，而且每個人的光環顏色並不一定都是單一顏色。

7月9日

我們去伊爾克利參加艾格妮絲表姊的婚禮，昨晚才回到家。我們住在飯店裡，我能來對我來說真的是難得的樂事。媽媽換上新衣服，看起來就跟浪花一樣。每個人都好興奮，婚禮過後有一場盛宴，宴會裡有一個好巨大的蛋糕，上頭撒滿了白色的糖霜。我覺得它看起來很漂亮，吃起來卻沒那麼好，這是令人失望的地方。

蘇珊阿姨在婚禮的時候號啕大哭，但我不知道為什麼。媽媽說，當女兒出嫁的時候，女士們總會哭個不停，因為她們有一種失去女兒的感覺。艾格妮絲表姊必須承諾愛、榮耀和遵從霍普金斯先生，但我必須說，我覺得有點兒過分了。萬一霍普金斯先生後來變得很壞，命令她去偷別人的錢包，她也必須遵從嗎？我很好奇是誰制定這種婚姻規定的？我相信不是上帝或耶穌。擔任伴娘的米爾德蕾，對自己盛裝打扮的模樣自負得不得了，不過她的表現還算不錯。

我覺得，昨晚艾格妮絲表姊要和霍普金斯先生去睡覺的時候，她感到又開心又害羞。他們要到倫敦度蜜月。霍普金斯先生的光環很漂亮，我有一種感覺，他們會很快樂（後來證明我是對的），但不知道為什麼，我覺得他們不會白首偕老（這一點也對了）。

他們會在曼徹斯特附近買一間房子，因為霍普金斯先生的事業在那裡。好奇怪，我總覺得有些人以前就認識了，然後再度相遇，然後愛上彼此。不過我不知道自己為什麼會有這樣的想法……

我剛把這些寫下來的時候，突然間我看到耶穌了，他說：「你是對的，孩子，你憑直覺發現了隱藏的真相，有一天你會明白的。」他對我微笑，然後便消失了，我只希望他能待久一點。

天氣好熱，被汗水滲濕的衣服都黏在身上了。

媽媽覺得天氣熱得可怕，但除了一直嘆氣之外也無計可施。米爾德蕾假裝喜歡這種天氣，她只是想與眾不同。我們喝茶用的黃油都變軟了。爸爸說，他覺得應該下一場雷雨，我並不意外。喬琪娜說她的雞眼在痛，她宣稱那是下雨的明確徵兆。珍妮說貓在洗牠的耳朵後邊，那也是一個明確的徵兆。

唉，好吧，我們拭目以待。

> 小男孩「憑直覺發現了隱藏的真相」，有點類似東方哲學裡所說的輪迴與緣分，當兩個靈牽繫得夠緊，即使分離兩地，最終還是會彼此相遇。

7月10日

老天真的下了一場雷雨，就在昨夜，而且製造了好嘈雜的聲音。我討厭噪音，噪音害我睡不著，所以我下床到窗戶旁邊看雨。但是我看到雲端上的東西（自然界的精靈）長得好邪惡，就回到床上，然後躲到被子底下。在一聲巨大的雷聲之後，爸爸到我的房間來看我有沒有被嚇著，他好關心我。

喬琪娜說，雷雨表示上帝在對壞人發脾氣，或類似那樣的事情，但爸爸說那是胡說八道。不管怎樣，今天涼爽多了，我超級感恩的，媽媽也是。阿諾來了，我們一起在夏日小屋裡喝下午茶。當珍妮端著托盤進來的時候，他正在草坪上倒立，然後用雙手走路，她覺得那樣好厲害，問他長大後想不想當特技演員。

小男孩說雲端上的東西長得好邪惡，似乎指的是大自然的雷電現象，這點也很奇特。

7月12日

我覺得查理．巴尼斯好卑鄙，他暗地裡打我的小報告，害我今天被罵了。媽媽說，她聽到有人說，我說巴尼斯的家鬧鬼，我看到某種東西，然後巴尼斯先生非常惱火，說他不會再讓查理請我去他們家了。媽媽好生氣，因為她說她以為我不會再胡說八道了，她真的不知道該拿我怎麼辦才好。在花了很長的時間對我發了一頓好大的脾氣之後，她說她決定要叫派特摩爾先生讓我寫很多行字，就像學校裡那樣。

雖然我感到害怕，但我忍不住在心裡笑，因為派特摩爾先生會站在我這邊，我很好奇對於這件事他會怎麼說。

7月13日

今天早上我們在夏日小屋上課時媽媽出現了，她看起來很嚴肅，她跟派特摩爾先生說我是一個既頑皮又不誠實的孩子，犯了錯誤，應該受到懲罰。派特摩爾先生顯得很震驚，說他很遺憾聽到這種事，我知道他不是真的震驚，因為我之前就告訴他了。不管怎樣，媽媽說我應該罰寫字或做些費勁的事，而且派特摩爾先生必須嚴肅地跟我好好談談，然後向媽媽報告之後決定該怎麼做。

在她離開後，派特摩爾先生做了個鬼臉，有點像亨利那樣，然後說：「接下來要怎麼辦？」我真的愈來愈喜歡派特摩爾先生了。不過他告訴我，他必須做些什麼來彌補一下這個情況（改善關係）。

他沒有生氣，可是他說，把我看到的東西告訴像查理那種小屁孩，真是太笨了，因為他們只會到處亂講，然後讓我惹上麻煩。他還說，如果他是我，以後會慎選講話的對象。然後他說，他不會真的為說謊的事情處罰我，因為我沒有說任何謊話。但是，如果他沒有讓我寫點東西跟媽媽交代，她可能會炒他魷魚，那就會是個大麻煩了。

他問我想背哪一首長詩，因為如果讓我抄寫三遍，到時候我就會記住了。我覺得這是個好主意，所以我選了格雷（Gray's Elegy）的《輓歌》，這次的事件就算結束了。

我們在二十三號開始放假，但是我不會說我很想放假，因為我應該不想跟派特摩爾先生說再見。

7月20日

今天我看到了爺爺，他跟我說，是他們（靈魂）讓爸爸去找派特摩爾先生來當我的家庭教師，他們對於我的進展感到很開心。爺爺說，天堂一點兒也不像大家所想像的那樣，真正的天堂好得太多了。他還跟我說，會有愈來愈多的人相信靈魂的存在，就像大家現在相信耶穌一樣，人們會更開心，不會再這麼介意死亡了。

我問他（在腦子裡想出問題），當人們老死後，他們在天堂也是呈現老人的模樣嗎？他笑一笑說不是。

他告訴我，在他待的那個地方，人們可以讓自己看起來像他們想要的樣子。如果他們希望自己看起來年輕，他們就會顯得年輕，反之亦然。他說，當他來見我的時候，他讓自己看起來顯老，是因為他不希望我不認識他（認不出他來）。

雖然阿諾不會嘲笑我看到東西，但有一天他說，如果鬼魂是死人的靈魂，那為什麼他們身上有衣服，因為衣服沒有靈魂啊？所以我問爺爺為什麼他沒有光著身子，或為什麼不是所有的靈魂身上都光溜溜的。

這個問題似乎把他逗樂了，但是我難不倒他，他太精明了。他說：「你覺得自己會光溜溜的到處亂晃嗎？」

我說：「不，我沒有過。」

然後他說：「嗯……我們也不會。孩子，我剛剛告訴過你，我們看起來就是自己想要的樣子。那就是為什麼大家穿的都是各種不同的衣服，以及我穿的衣服不是你們世界流行的款式的原因。不過你不能把這一切告訴你媽媽，不然她會很震驚的。你的媽媽是個好女人，但是你知道的事情有太多是她不懂的。但孩子，當心點，你不要因此自豪，因為她知道很多你不懂的事情。」然後他就消失了。

小男孩與爺爺對話中的提問，正是一般人對靈魂體的認知，或是誤解。爺爺對靈體的形態與人在世時的樣貌做了說明，他表示靈魂似乎像是一種意識體，外貌會根據靈魂意識而改變，就像爺爺所說的「我們看起來就是自己想要的樣子」。

7月21日

昨天法洛琳幫我上了假期前的最後一堂音樂課。

有時候她說話很有趣，她跟我說，有一天她自己一個人去野餐，如果換做是我的話，我不會玩得開心的。

她說：「每次我到某個地方去，都帶著一條冷香腸和一些麵包、水果。」所以當我笑出來時，她想知道我在笑什麼。

我跟她說，去某個地方的意思是想上廁所。

她超驚訝的，笑著說：「你們的英文真的會把我搞到瘋掉。」

然後她又提到一些我從未想過的拼字問題，不過那可以拿來當做難倒派特摩爾先生的玩笑。

我想知道的是，是誰制定了拼音，因為他一定是個糟糕的笨蛋和說瞎話的人。有一天當我們在上文法課的時候，我記得派特摩爾先生說母音只有五個。但是字典說，發出一個母音的音，只要張開嘴巴就好，所以那是說瞎話，我可以分辨出有十一個母音，然後今天我把這件事告訴派特摩爾先生。

他說：「你是怎麼做到的？」

「這個嘛……你看。」然後我發音：「ah，aw，a，e，eh，i，o，oo，ow，oy，u。」

派特摩爾先生說：「嗯，我沒那樣想過，不過如你所說，所有的這些聲音都存在我們的語言裡，很聰明。你還做了些什麼？」

我說：「法洛琳想知道，為什麼 o-f-f 會唸成 off，但 c-o-u-g-h 唸成 coff；而 n-o-w 唸成 now，但 p-l-o-u-g-h 唸成 plow；t-r-u-e 唸成 true，但 t-h-r-o-u-g-h 唸成 thrue；以及為什麼 c-u-f-f 唸成 cuff，但 e-n-o-u-g-h 唸成 enuff？」

派特摩爾先生說：「天曉得，祂又不說，這一切都很愚蠢，不過你代我問候法洛琳的時候問問她，為什麼在她的語言裡，女孩是中性的？那同樣很蠢。」

媽媽今天跟我們說，威爾科克斯先生要要搬家了，因為他發現堤姆太太（他的房東）是個邪惡的老傢伙，會佔他的便宜。

7月23日

今天有個超級大驚喜，我將和派特摩爾夫婦到威爾斯一個叫做哈勒赫的地方度假，多有趣呀！

我們會在八月初的時候去，米爾德蕾受邀到同校好友埃瑟爾．麥凱的家裡住上幾天，爸媽和小寶寶要去布克斯敦，因為爸爸說他有風濕痛，想去喝喝那邊的水。

我很好奇媽媽和派特摩爾先生怎麼了，他們有兩次在我上完課後關在房間裡密談。

今天早上派特摩爾先生跟我說，他們談的都是我要和他及他太太去度假的事。爸爸說他不希望我去玩幾個禮拜，但都沒做功課，所以在我走之前，我們要每天上一個小時的課，星期六除外，我應該不會介意。

其實我開心得要命，因為現在我不用跟派特摩爾先生分開那麼久了，而且我們兩週後就要出發。也許還會邀請亨利來住一週，但媽媽還不確定，要看教區牧師怎麼說。我希望他能來，不過我有點開心的是，他不會一直待在這裡，因為我要（用通靈眼）幫派特摩爾夫婦看東西，當亨利在的時候我就必須閉上嘴巴，否則他會以為我瘋了。

珍妮要結婚了，剛好是我們不在的時候，她會跟她先生到布萊克浦度蜜月。喬琪娜要到別的地方度假，普瑞特曼老太太會來照顧房子、貓和鸚鵡。離開小寶寶一陣子我一點兒也不會遺憾，她在我和派特摩爾先生上課的時候發出好吵鬧的聲音，讓我很氣惱。

如果媽媽去度假的時候又製造了一個寶寶，就太可怕了，不過我更想要一個弟弟。當然，我不喜歡小寶寶生病或什麼的，我只希望她不會再發出那麼煩人的噪音。

7月29日

今天下午發生一件有趣的事，茱德舅媽來了，還帶著她八十三歲的老母親。在他們來之前，我問媽媽：「如果茱德舅媽是你的弟妹，那麼基德太太就是你的婆婆、我的姥姥？或者她是你的舅媽、我的姨姥姥？」但媽媽只是顧著笑，好像不知道的樣子，又或者她只是不想動腦筋。她說：「你最好去問爸爸。」總之她告訴我們（我姊姊和我），老太太喪失記憶了，如果她講了什麼古怪的事情，我們一定要保持穩重，不能笑。但是，那讓我們更想笑，後來米爾德蕾跟我說，她憋笑憋到差點尿褲子了。

那個老傢伙的光環很古怪，濁濁的，跟有些小孩的一樣。不知怎麼的，我有種感覺，她彷彿沒有靈魂似的❻，我想不透。當我們在晨間起居室等著吃晚餐的時候，她很生氣的說：「我們什麼時候才能吃早餐？」茉德舅媽親切的說：「可是妳已經吃過早餐了，親愛的，我們等一下就要吃晚餐了。」然後珍妮進來說晚餐準備好了，她又跟茉德舅媽說：「妳僱了一個新的傭人，我以前沒見過她。」因此茉德舅媽必須告訴她，他們目前不住在海洛嘉特，現在是利用白天的時間過來看看媽媽。

用餐結束之後我很開心，我得到允許離開。但後來發生了最糟糕的事情，我從花園

---

❻對於一個神祕學家來說，身體沒有靈魂的概念，並不像表面上聽起來那麼荒謬。撇開不相信（基督教所接受的）靈魂存在的唯物主義觀點，正統基督徒本身相信有靈魂居住在身體中，並在死亡時離開它。然而，在某些年老的人身上這種情況並不一定正確，因為靈魂已經被發現在最終死亡之前的數年內離開了身體。當這種情況發生時，就出現了我們所謂的「第二次童年」，這種狀態表示身體已被交給所謂的「身體元素」。若要更全面地理解這一點，需要研究神祕學。這個問題的討論過於冗長且複雜，因此無法在註解中詳述。

走到廁所，然後把門打開，看到老太太坐在馬桶上，讓我嚇了一跳。她說：「你竟敢！」然後對我揮舞拳頭，令我猝不及防，不過米爾德蕾和我後來好好笑了一陣。

米爾德蕾在學校得獎了。

小男孩感覺年老失去記憶的老太太，彷彿沒有靈魂。

8月7日

現在我們在哈勒赫，我們昨天在滂沱大雨中抵達這裡。那是一段好長好長的旅程，不過窗外有美麗的風景可以欣賞，而且我喜歡和派特摩爾夫婦在一起，他們好親切。

哈勒赫在一座有古老大城堡的山丘上，它只是一個很小的地方，我們來這裡是因為派特摩爾夫婦知道這裡有一些很不錯的房子，我們會受到良好的照顧——至少他們是這麼跟媽媽說的。自從我們來到這裡就一直下雨，真令人煩悶，不過派特摩爾先生要教我下西洋棋，因為他說這是世界上最好的室內遊戲。

這裡的人說話像是半唱著歌似的，有時我聽不明白他們想說什麼。派特摩爾太太把大部分的時間都花在編織上，而我則感覺這個地方和家裡完全不同。

我相信這裡有看不完的仙子和地精等等，不過我希望上天能停止下雨，否則我們只能困在屋子裡，這樣我就什麼都欣賞不到了。

8月12日

下午茶之後爺爺出現了，當我跟派特摩爾夫婦說他在房間裡的時候，他們看起來很愉快，想知道他說了些什麼，所以我就把爺爺的話轉述給他們聽。

爺爺很有禮貌的鞠躬，然後對派特摩爾先生說：「您好，先生。」又向派特摩爾太太說：「您好，女士。」然後他們也回禮問候。

爺爺說他很高興我們都來了，這是世界上一處很古老的地方，從前是亞特蘭提斯大陸的一部分，那個大陸的大部分都沉入海底了，然後什麼什麼的——我忘了那個詞（也許是大自然的力量）——很強，能幫助我看到東西。

然後派特摩爾先生想知道，他能不能問問題。爺爺說：「我很樂意為您服務。」於是派特摩爾先生拿了鉛筆和紙，當我轉述爺爺的話時，好把它記下來。首先他想知道我們在爺爺眼裡看起來是什麼樣子，爺爺說我們看起來就像鬼魂。

派特摩爾先生覺得很有趣，因為我們應該是實心的。

然後爺爺笑一笑，說派特摩爾先生會抽菸斗，確實沒錯。他又說，假如派特摩爾先生是某個地方的蘇丹——我忘了他說的是哪裡——他就會抽一種叫做水煙筒的東西，透過水吸入煙霧，大概就是那樣。

靈魂好比煙霧，我們好比水，他們可以通過和看穿我們的身體，因為我們的各部位（粒子）實際上是分離的，只是我們不知道而已。

爺爺還說了很多，但我無法一一記下來。他說他明天會再來，如果我們想知道別的事情，他會告訴我們的。

一場在世活人與靈魂的對談紀錄。

透過靈魂的視角，讓我們看到人的形態、樣貌，不過也只是像分離的粒子，並不是「實心的」。

8月13日

今天下午我們一行人都去了哈勒赫城堡參觀，我告訴派特摩爾夫婦它在變成斷垣殘壁之前是什麼樣子，以及有什麼樣的家具等等❼。

派特摩爾夫婦一臉的驚訝與好奇問我是怎麼做到的，也許他們以為是我杜撰的，但我沒有。

下午茶之後爺爺又來了。

這次他待了很久，現在已經到了我該上床睡覺的時間，所以我不能把他的話寫下來，只能以後再說了。

❼我無法確定這個男孩是否看到了印度神祕學中所稱的阿卡西克記錄（大自然的記憶），還是僅僅看到了從前事物的「靈體」。無論如何，我曾經認識的一位通靈者以親身經歷證實了這種發現；不過這個事件與哈勒赫無關，而是與羅馬有關。當她和她的同伴在一名導遊的陪同下參觀名勝時，她令他驚訝地指出，在某個地方曾經有過一座拱門、一座塔樓、一扇古門等等。這讓導遊對她的「博學」感到相當的驚訝，最後他對她說：「女士，您對羅馬歷史的了解非常了不起。」事實上正好相反，她對羅馬的歷史一無所知！

8月16日

前幾天的天氣一直很好，只是坐在屋子裡寫日記太可惜了，但今天外頭的雨勢很猛烈，所以我打算把之前爺爺說的話寫下來。

派特摩爾先生問我，我有沒有把關於他和爺爺來看我的每一件事都寫在日記裡。我跟他說有，然後他做個鬼臉說，他有點忐忑不安，擔心媽媽有一天會看到，然後他會因為鼓勵我而陷入激烈的爭吵。不過我跟他說，我超級小心地把它鎖在一個特別的盒子裡，很久以前爺爺（曾）說他很高興我有寫日記的習慣，他說他會抱著最好的期望。

爺爺跟派特摩爾夫婦說話時表現得很有禮貌，總是稱呼他們「我親愛的先生」和「我親愛的女士」，讓我好想笑出來。不過我希望有時候他不必用這麼冗長的字句，因為當我想寫下來的時候，我沒辦法記得很清楚，好麻煩喔！

我問他，為什麼奶奶從不來看我們。他講了一些關於靈魂被想法束縛的比喻，就像鳥兒被孵蛋的工作困住一樣，這讓我們都笑了起來，因為聽起來太有趣了。

他告訴我們，當奶奶還在世的時候，她的想法跟許多人一樣，認為她以及跟她有一樣想法的少數人，是唯一一群能得到拯救的人。爺爺說：「現在，她住在一個由她和其他人的虛假信念所創造的思想世界裡，天父的家裡有許多大樓。」

這一段是我從派特摩爾先生那裡得到的，他已經將它寫下來了，而且也幫我寫好了下一段。

我們問爺爺，那他呢？他說，儘管他信奉上帝，但他從未認真想像過另一個世界是什麼樣子，所以現在不用像奶奶一樣，把時間花在唱聖歌、讚頌一個虛幻的上帝寶座。

爺爺不介意說些不正經的話。他告訴我們，奶奶生前就是個固執的老太太，她現在依然是，無論他說什麼都無法改變她（的觀點），直到她對此感到厭煩，開始四處尋找更好的事物。

他告訴我們，先入為主是一個很大的錯誤，就像已經過世的奶奶那樣。

但我不太明白他的意思，所以我問了派特摩爾先生，他說這是指當人們沒有足夠的依據時，卻對某件事情過於肯定。

現在我累了，要去休息了。

這裡談論到人死後的歸屬去處，也涉及了宗教層面。爺爺所說的「靈魂被想法束縛」，或可說明人世間的信仰，其實就是存在於人心的一種信念，也就是「心靈的導引」，這種信念不僅會影響人在世時的思想與行為，更將指引著人死後的去處。一旦這種信念有所偏執（也就是如奶奶一般的固執、先入為主想法），靈魂的歸處便會依此信念形塑而成，而且受此約束，住在一個「由虛假信念所創造的思想世界裡」。

因此，一個人生前的所思所想，在其死後仍會緊緊地跟隨著他。

8月17日

又是一個大雨滂沱的日子，我沒有聽到或看到什麼新鮮事物，所以我打算把爺爺的話再多記一些下來，派特摩爾先生會幫助我。

爺爺跟我們說，有些神職人員很會胡說八道，把另一個世界描述得天花亂墜的，妄稱我們都該睡到拯救日。所以當一堆人（靈魂）到了另一個世界之後發現自己還生龍活虎的，就無法相信自己已經死了，無論別人怎麼說，都無法令他們接受自己已經脫離軀體的事實。

就像那些根本不相信任何事情的不可知論者（agnostics）一樣，他們認為我們都是從猴子進化而來的。

我曾經聽過媽媽提到不可知論者，派特摩爾先生告訴我怎麼拼那個字，媽媽說他們都是非常邪惡的人，宣稱上帝不存在。但是爺爺說，他們並不邪惡，只是想法混淆，以為自己懂很多，因為他們相信一種叫做進化的理論。我必須問問派特摩爾先生這個長長的單字怎麼拼。

有趣的是，爺爺離開後派特摩先生告訴我，他認識一個不可知論者，就是這個人跟他說了我們現在借宿的地方。

我不太確定，但是我有一種感覺，派特摩先生說的這個人最近也許會出現，來瞧瞧派特摩爾先生或什麼的。

今天下午玩西洋棋，當然，總是派特摩爾先生贏——雖然有一次我吃掉了他的皇后。不過我知道他是故意讓我的，因為他想對我好一點，他哄騙不了我。所以現在他在開局時先拿掉他的女王，因為沒有女王會讓他下棋更加困難，這叫做「讓子」，不過我無法解釋為什麼會這樣稱呼。

延續前一篇的論述，一個人生前根深柢固的信念，對往生後的靈魂影響確實是相當的巨大。

8月18日

今天我收到了媽媽寄給我的信，告訴我他們在布克斯敦的事情，她說那裡有一個很不錯的樂團。我希望能聽聽看，不過除了這一點，我更喜歡和派特摩爾夫婦待在這裡。

信的最後，媽媽說希望我星期天在教堂時要專心。我不會跟她說我們從沒去教堂，派特摩爾先生和我都用那個時間去散步，因為他覺得我們應該趁好天氣時好好享受。

派特摩爾先生說，一個人可以在大自然間敬神、拜神，做法就是對祂賜予我們的美麗事物心懷感激，我確實有同樣的想法。派特摩爾太太自己一個人去做禮拜，不知道為什麼，我覺得女生比男生更喜歡上教堂。但我想，下個星期天我應該去教堂，不然如果媽媽問起時，我又要挨一頓罵了。

8月20日

昨晚就在我上床睡覺前，爺爺出現了一下。

他說，如果我能找個藉口去廚房，我就能在那裡看到某個東西。

今天早上伊芳斯太太忘了拿早餐要用的黃油，所以我去廚房向她要，然後看到一個老傢伙（的靈魂）坐在火爐旁的扶手椅上。我原本想問他，他覺得自己在做什麼，但是我不能，因為伊芳斯太太在那裡……

今天下午派特摩爾先生幫我做了一個漂亮的沙堡，它有一條護城河。我愛上了一個我們在路上看到的女孩，但願我能認識她，但是我找不到藉口。她有著最美麗的棕色眼睛，有時候她和一個我覺得是她兄弟的男生在海邊玩球，他們有兩顆球，她把其中一顆扔給他接住，然後他把另一顆扔給她，他們玩得很好。要是她沒接好，我就能幫她把球撿起來，交還給她，但我沒有這樣的運氣。

派特摩爾太太好像感冒了，說話帶著鼻音。亨利下週會來。

8月24日

爺爺說有些靈魂不知道自己已經死了，聽到這些話讓我覺得有點好笑。

昨天用過晚餐之後，我在房間裡看到一個男人，我們和他聊得很開心。當我跟派特摩爾先生說他在那裡的時候，他說：「我們來問問，他想做什麼。」然後他已經拿好鉛筆，準備把對方的話速記下來，他會一點速記，所以今天他把他記下來的東西拿給我寫在日記裡。

如果這本日記能像佩皮斯先生的一樣出版，那就太好了，不過我應該等到我老了之後再說，因為如果媽媽看到的話，又要掀起一陣可怕的騷動。

出現的靈魂是派特摩爾先生的老朋友，不過他並不那麼友善。他說的第一句話是：「哈囉，派特摩爾，在這裡見到你真是太好了。」

然後派特摩爾先生問他是誰，他說，好問題，他的名字是吉米．克利夫，他很驚訝派特摩爾先生沒認出他來。

結果派特摩爾先生也很驚訝，說他感到震驚，但他當然無法認出他來，因為他看不見已經死去的人——我想他可能說了另一個詞。

現在我照著派特摩爾先生給我的速記來寫，簡單多了，因為克利夫先生不會像爺爺那樣用很長的字串。派特摩爾先生說，如果我想節省時間，可以用 P 來取代派特摩爾，和用 C 來取代克利夫。

所以我就照做了，儘管少了「先生」看起來不是很好。

C：你在寫些什麼？

P：我在把你說的話寫下來。

C：為什麼要這樣做？

P：因為我想記住你跟我們說的話。

C：胡扯。

P：一點也不，我很有興致。我很高興你來了，但你怎麼會想到來這裡？

C：我喜歡這個地方，想再看一眼。是我告訴你這裡有房間的。

P：對，我知道是你。告訴我，你現在覺得怎麼樣？

C：我這輩子在肉體上沒感覺這麼好過，但在心理上……這個嘛……我有點兒困惑，這太詭異了。

P：你從前是個不可知論者，我猜你現在想法改變了？

C：當然沒有，我為什麼要改變？

P：因為你現在一定知道有死後的世界。

C：我對那種東西一無所知，也不相信說那種混話的任何人。對了，這個小傢伙是誰？他為什麼要向你重複我說的每一句話？

P：因為他可以看到你，聽到你，但我不能。

C：你是又瞎又聾嗎？

P：當然不是，但你現在是一個靈魂，而我看不到靈魂。

C：我不是靈魂，我不相信世界上有靈魂存在，也絕對不會有。

P：但你肯定不會認為你仍然在這個世界上吧？你還記得發生什麼事情了嗎？

C：我記得我病得很重，然後失去意識，之後我醒過來，覺得前所未有的舒服。

P：是的，然後呢？

C：聽著，派特摩爾，我對這種審問感到非常生氣，你像警察一樣把我所說的話都記下來。

P：抱歉，我親愛的克利夫，但是我真的很感興趣。你似乎沒意識到你現在的狀態就是我們這裡所稱的死亡，儘管讓我欣慰的是，你覺得自己像活著一般。

C：沒有什麼這裡那裡。你說得好像是我站在雲端，而你在下面，我從沒聽過這種無聊的想法。我唯一的問題就是，有時候我的視力和聽力好像有一點奇怪。

P：你是說，我們在你看來有點模糊，聽起來有點遠？

C：對，在某種程度上。

P：那是因為你是靈魂，而我們仍然有實在的軀體。

C：我拒絕相信我是靈魂，世界上沒有靈魂。當我們死後，一切就結束了。我被你煩死了，當我們談到這個話題的時候，你總是把我惹火，因為你不肯面對事實。你無法迴避科學，而科學宣稱我們是由猴子演化而來。我要走了，我受夠了這種徒勞無用的爭吵。我們永遠無法說服彼此，那麼再談下去有什麼好處？再見。

在他完全消失之後，派特摩爾先生做了個鬼臉，說他一點兒也沒變，他生前總是這樣說。他說克利夫先生在街頭染病，然後死在醫院裡。派特摩爾太太沒有在場，因為她在晚餐之後覺得有點噁心，所以回到房間去了。不過事後派特摩爾先生跟她說了這件事，也把他寫下來的內容唸給她聽。毫無疑問，今天的事情太有趣了。

一場精彩的人與靈魂（鬼）對話錄。

我們進一步理解到前面爺爺所說「有些靈魂不知道自己已經死了」的現象，這位靈魂仍保有生前的個性與脾氣，以及因為生前的固執信念，拒絕相信人死後有靈魂的存在，所以也不認為現在自己已經死亡，成為靈體。

有趣的是，靈魂在看現實的活人時，是一種「看來有點模糊，聽起來有點遠」的情況。

8月25日

亨利來了。

我們必須睡同一個房間，我覺得這樣很好，因為如果我們沒有很睏的話，我們就能聊聊天。

派特摩爾太太告訴我們不要熬夜聊天，不過說實話，我想她其實並不介意，因為她很體諒人。

亨利在床上對自己做一些奇怪的事情。

他甚至還想教我，但我告訴他，在柏克代爾有一個小女孩已經告訴過我所有這些事情，他不要以為他可以班門弄斧。

今天早上他想在沙丘上挖一條隧道，但派特摩爾先生不讓我們挖，因為他說，可能會有人掉進去然後窒息。

亨利在這裡的時候，我無法在日記裡寫下太多東西，因為他總是一下想做這個、一下想做那個。他也談到教區牧師和他太太——也就是亨利的老爸和老媽。我決定也要那樣叫我的爸媽。我覺得「爸爸」和「媽媽」聽起來好無聊，而我又不是很喜歡用「母親」和「父親」。

星期天

今天早上亨利在床上的時候跟我說，他不想去做禮拜，除非派特摩爾先生叫他去。早餐的時候他問了派特摩爾先生，而派特摩爾先生說，如果一個人不想去教堂，他不相信強迫他會有用，但是如果亨利偷懶，萬一他父親知道了會怎麼說。

於是亨利說：「我會和派特摩爾太太一起到入口處，如果老爸問起，我就可以說我去過教堂了。」這似乎把派特摩爾先生逗樂得不得了，而派特摩爾太太雖然假裝震驚，但無法掩飾她的笑聲。依我看，亨利就是個奇怪的傢伙。然後我覺得，派特摩爾太太也認為我是個奇怪的傢伙。

我答應過老爸，我每天早上都會讀一點《聖經》。所以，今天我在晚餐的時候問，心裡對一個女人有欲望是什麼意思，只見派特摩爾太太一副想笑又不敢笑、好像不知道該看哪裡的樣子，而派特摩爾先生的眼睛盯著天花板，說《聖經》裡有一些很舊式的詞語，他一時也無法解釋。我猜那是種粗俗的字眼，但後來當我問亨利的時候，他說他覺得那可能跟生小孩有關，不過他不確定。但願我能知道。

我完全忘記不能在星期天寫這些東西，可是現在已經寫了，如果我將它們都擦掉，不就白忙一場？無論如何，我確實提到了《聖經》，所以還是有些收穫。

8月30日

當派特摩爾太太去採購的時候，派特摩爾先生穩穩的坐在馬桶上，他通常會把報紙拿進去待一段時間。

我和亨利就趁這個時候查閱「欲望」一詞。不過，由於我們看不懂它在說什麼，所以我們沒什麼進展。

為什麼字典不直接告訴我們單字的意思，而是給了一個沒人能懂的長長單字？而且我已經忘記怎麼拼了。亨利說字典是一種愚蠢的書，他對它沒有耐性……

今天我收到法洛琳的來信，她說她希望這裡有鋼琴，我就能好好練習一下了。可是這裡只有一臺舊的小風琴，我無法彈奏，因為我踩不到底下那些可以弄出風的東西。

我們到山丘上散步，看到田野裡有可愛的綿羊，但是表情看起來好憂傷。一想到牠們要被殺掉，成為我們晚餐時的菜餚，我就覺得好可怕。派特摩爾先生說，有一種人叫做素食者，他們不吃羊或牛等肉類。

我應該會想成為那樣的人，但我猜老媽不會答應的。我覺得她會一如往常地對我說：「如果我跟別人不一樣，那人們會怎麼想。」我很好奇，為什麼老媽會希望每個人看起來都一樣。

8月30日

今天實在太熱了，我已經熱到不知道該怎麼辦才好。亨利說他喜歡炎熱的天氣，但又抱怨說那讓他散發出汗臭味。

我聞起來也有點發酸，真討厭。

派特摩爾先生看起來很有趣，他說他的鼻子被太陽曬傷了，總之就是很紅。今天早上亨利和派特摩爾先生都有泡澡，我也試了，但它讓我心跳加速，無法呼吸，派特摩爾先生說我不能再試了，因為它不適合我。

星期四亨利要離開了。

不過他不是真的回家，而是受邀到別的地方住。他離開的時候我應該會難過，因為他是個很有趣的人，我喜歡他喜歡得不得了。唯一不方便的地方是，當亨利在的時候，我看到什麼也不能跟派特摩爾夫婦說。

我打趣地問他，他老爸（教區牧師）平常都在談些什麼，他說他老爸通常會聊一些關於店裡的事。如果我把這件事情跟老媽說，我想，對於牧師把教堂稱做商店，她肯定會超級驚訝。

亨利的哥哥在印度的某個地方從軍，他說他們把用餐叫做軍官團膳，這讓他想起了牛。然後他問我知不知道什麼叫「含沙射影」，我說那就是不需要把鋼琴彈得這麼大聲的意思，但是他嘲笑我，說那是指在某種禮貌表達的背後隱含了粗魯的意思。

於是我問他，他怎麼知道。

他說他老爸時常在吃飯時說：「好了，請不要有任何含沙射影。」

我在洗手的時候看到了爺爺，只有那麼一下下，不過他並沒有停下來，只是瞧了我們一眼。

9月2日

亨利在今天早上離開了。昨天我們在沙丘上看到一個男人趴在一個女人身上，我覺得很奇特。

但亨利說，當普通百姓想結婚時，他們往往會先那麼做。他說即使是淑女和紳士也會悄悄的做，不過他無法想像那有什麼樂趣。我說：「我跟你打賭，我老爸絕不會像那樣趴在我老媽身上。」

然後他說，他也無法想像他的老爸和老媽做那種事，不過他看過痴情男女熱烈擁抱和親吻。

今天涼爽多了，但天氣似乎不太溫和。夜裡我們被雷雨吵了好幾個小時，無法入睡。亨利說，當暴風雨來臨時，他妹妹波莉會顯出害怕的樣子，但對他來說並沒有太大影響。

亨利在這裡的期間我們不必做任何功課，老媽說我不用。

晚餐後爺爺出現了，派特摩爾先生問他，能不能找到他那個叫做吉米·克利夫的朋友，然後跟他聊一聊，因為他不認為自己已經死了。爺爺說他會試試，但或許不容易，因為也許很難遇到他。

爺爺問我有沒有看到廚房裡的老人，我說有。他說，那個老傢伙在椅子上睡著了（死了），但他對這間房子已經產生很深的依戀，怎樣都無法使他離開——真是個愚蠢的老人，像他這樣的人，被稱為受塵世羈絆的靈魂。但不管怎樣，他是個無害的鬼魂，不會妨礙任何人。

小男孩的爺爺指出當人生前對某物或某處產生強烈的依戀時，死後的靈魂很有可能會受此執念束縛而不願離開人間。

9月5日

昨天我們在山丘上散步了很久，帶了三明治、蛋糕和薑汁汽水去野餐，我們玩得很開心。我們看到有一個地方豎立著幾顆大石頭，我可以看到（透過通靈眼）很多古怪的男人穿著長袍，好像是在禱告和冥想的樣子（進行奇怪的儀式），派特摩爾先生說那一定是德魯伊教教士❽。對於我告訴他們的事情，他和派特摩爾太太都顯得非常興奮，而且很驚訝我能看到發生在那麼久以前的事情。

我們曾經在一堂歷史課中學到一點點關於德魯伊教的事情，不過課本對德魯伊教沒有太多的著墨，所以我也沒花腦筋多想。但是現在我的感覺不一樣了，我想知道得更多關於德魯伊教的事情。

派特摩爾先生說，他回家後要翻閱百科什麼的，好對德魯伊教多了解一點，然後他會把他的發現告訴我。我有一種感覺，德魯伊教教士是很好的人，很有智慧，知道很多他們不曾透露的事情❾。

吃過三明治後，我和派特摩爾先生去上一號，讓派特摩爾太太有機會去上廁所——如果她需要的話，不過我記得阿諾曾經跟我說過，女生能夠忍耐的時間比男生久。那一定非常方便，我希望我也有類似的體質。

我們在回去的路上經過一個農場，於是想辦法到那兒喝點茶。天啊！當我感到疲憊時，它真是好喝極了。派特摩爾太太很喜歡喝茶，每當接近喝茶時間時，她幾乎都會表示自己渴望到快死掉了。

我注意到，老媽也會像那樣。

她說，喝這麼一杯會使人振奮，而不令人醉倒，不過她用的是某個很長的字彙，我記不得了。

不管怎樣，當一個人對某件事情的感覺就像帽貝咬住東西一樣堅持不放開時，那便是一種福氣。

---

❽在這個例子中，這個男孩似乎真的能夠閱讀阿卡西克記錄。但這並不能證明，派特摩爾先生說那個男孩透過通靈眼所看到的人是德魯伊教士是正確的。在其啟蒙性的著作《亞特蘭提斯的神祕科學》）中，路易斯．史班瑟（Lewis Spence）在章節標題為「亞特蘭提斯的英國儀式」的部分寫道：「……當為了儀式需要，要確定種植和生長季節的大致日期時，他們（古老的族人）在圓圈中排列石塊，以便在這些重要的日子捕捉到晨曦。」他補充道：「巨石陣無疑是仿照瑟森納斯的波賽頓神殿樣式建造的『神殿』」。

❾在閱讀有關德魯伊教士的內容時，這個男孩顯然感覺到他們擁有相當豐富的神祕學知識，神祕學家有充分的理由相信這一點是正確的。

9月7日

好棒喔，今天早上派特摩爾先生收到老媽的來信，她說如果他們方便的話，她想讓我多待一個禮拜，因為她還沒找到適合的傭人來接替珍妮，我太開心了。珍妮在上個月結婚了，還送了一小塊結婚蛋糕請我吃，只是我沒有寫在日記裡。我猜這是爺爺給的驚喜（延長假期的期盼，似乎得到了無心插柳的傑作）。

9月10日

昨天出現一個禿頭、留著白色長鬍子、全身穿著黑色的古怪男子（的靈魂），對我們講道。他講的內容很像是《聖經》裡的東西，但我必須說，我對他呈現的光環並沒有太多好感。

首先他叫我請我的老師把鉛筆拿出來，因為他有重要的事情要告訴我們，所以我們都很迫不及待地聽他要說什麼。他自稱是牧師，而且看起來確實很像。

今天早上派特摩爾先生給了我一份他所寫下的口述資料：

牧師：你把鉛筆準備好了嗎？

派特摩爾先生：是的。

牧師：那麼，聽清楚了。看呀，只有天選之人才能聽到靈魂的聲音，因此要感謝上帝賜予的福氣。

這位男孩是上帝的僕人，透過他，上帝將福氣賜給你和你的妻子。從前善良的人能聽到靈魂的聲音，但後來，人們背離了上帝的道路，自陷於不義和邪惡之中，因此不願去聽那些試圖援助他們的聲音，他們有耳但聽不見，有眼卻看不到。然而，上帝是一位慈悲的神，他並未因此感到不悅。

那一刻即將到來，被隱藏的事物將再次呈現在謙卑的靈魂眼前，他們不會被自己無知的傲慢所蒙蔽。

這位男孩的口中將透露出許多真相，做為在黑暗中耀眼的明燈，也對那些只需抬頭仰望山岳的朝聖者給予指引。

正因為你能謙卑地提問，所以即使是從嬰兒與尚未斷奶的孩子口中，你也得到了答案，而且將來還會得到更多。

然而對於這個男孩，我要說，當心驕傲，你要保持你謙遜的態度，讓它像寶石般珍貴，使它像一面水晶，反映出我們賦予你的智慧之光。因此你要注意，永遠不要讓這顆水晶沾染到自負的氣息，因為驕傲的報酬是黑暗和扭曲，而謙卑的報酬是真理和光明。現在，願上帝賜予你們平安。再會，祝你們順利。

當他走後，派特摩爾先生說道：「齁！他聽起來像相當自負的老紳士，我得說，他並沒有告訴我們任何我們以前不知道的事情。」

於是我告訴他，我有同樣的想法，當那個老頑固在滔滔不絕地講個不停時，我幾乎快忍不住要笑出來了。

現在爺爺承認那都是他的「傑作」，為了好玩，他叫那個牧師來向我們講道，因為他以為我們會覺得有趣。他說，在那裡有很多像牧師那樣的人，喜歡說個不停、定下規矩。他說，這位牧師在世時曾是一位傳教士，現在（即使）到了靈魂的世界，他也不想停止傳教。他告訴我們，不要以為人在死後會突然改變，沒有這種事情。如同我們所想，有些靈魂會花很長的時間變得不同（改變他們思考的習慣）。他說，一個人在脫下大衣後不會改變，（相同的）一個人在離開他（凡人的）軀體時也不會改變。

然後派特摩爾先生問爺爺，那個牧師會再來嗎？爺爺說，如果我們給他機會發表長篇大論，他一定會再來的。他告訴我們，如果我們不想被那個老紳士打擾，他來的時候我只需裝作沒看見，他便無計可施，以後就不會再來做吃力不討好的事情。

小男孩的爺爺再次表達，「不要以為人在死後會突然改變」。一如對「信念」的執著，所謂本性難移，人在活著的時候就已經很難改變個人的思想、習慣、個性等等，而死後的執念更是如此。就像爺爺說的，「一個人在脫下大衣後不會改變，一個人在離開他軀體時也不會改變」。

日期不詳

今天那個老牧師一直在我們附近徘徊，但是我裝作沒看到他，也沒對派特摩爾先生說什麼，直到他離開。派特摩爾先生說，我們已經受夠他陳腔濫調的精神訓話了。我不懂陳腔濫調是什麼意思，但聽起來挺好的。

明天是我們待在這裡的最後一天，真捨不得，因為我不想離開。不過老媽已經找到接替珍妮的人，所以我沒有藉口再待下去（順便提一下，我注意到在這段時間裡，我愈是追求文學素養，就出現愈多詞不達意和扭曲的用語）。

9月20日

現在我已回到家庭的懷抱。唉呀，我真不願意離開哈勒赫，但那也是無可奈何的事情。我仍會想起之前在海邊遇到的、有一雙美麗眼睛的女孩，但我猜，她應該在我們離開之前就先離開了。現在我想，或許這輩子再也見不到她了。不過昨天我為她寫了一首詩，內容是這樣的：

我無緣認識的甜美女孩，
無論妳到哪裡，
我的心都跟隨妳。
請偶爾想起我，那麼

我那感到非常悲傷的靈魂，
會試著開心一點。

今天早上我去糕點店買一些牛眼糖，然後看到珍妮。她親了我一下，把我摟進懷裡。她看起來好開心，整個人容光煥發，她說她在蜜月時玩得很愉快，希望我喜歡她送給我的那一塊結婚蛋糕等等。

我對新女傭不像對珍妮那麼喜歡，她似乎有些無趣，沒什麼話可說，但或許日後大家互相熟悉之後情況會有所改善，誰曉得。

不過我必須說，她的光環看起來不怎麼樣，有點混濁。我有種感覺，胖胖的老喬琪娜對她也不是很滿意。

她的名字是漢秀，我們必須這樣稱呼她，雖然她也有教名。老爸說她是個很優秀的人，但我覺得以後他會後悔（我似乎沒意識到，「優秀」不見得都是稱讚的意思）。

米爾德蕾表現得好親切，我想那是因為她太久沒見到我了。直到星期一之前，我都不用上課。老媽的鼻子上長了一個很討厭的腫塊（膿瘡），老爸拿它來說笑，但老媽說她疼得要命，我一點也不懷疑。醫生說那是因為她體內產生了不好的血液或什麼的……也許那是因為她不常上廁所的關係。

爸爸說，上廁所不順利的時候叫做便祕，那是種可怕的毛病，不過這不能在公眾場合談論。

說得好像我不知道似的。

9月23日

今天我在老爸的書房裡讀了一本書，是喬治．艾略特寫的《弗洛斯河上的磨坊》，結果老媽進來把書拿走——儘管它看來是一本很好的書。

米爾德蕾說，學校裡有一個女孩告訴她，喬治．艾略特實際上是一名女性，但假裝成男性，有些人覺得她很壞，因為她和一個叫做路易斯的男人住在一起，但沒有結婚。

於是我問，如果她想那麼做，有何不可？米爾德蕾說，他們在一起做的事情是很沒規矩的，但是我太小，還不能跟我說。

我受夠了人家說我太小，還不能懂這個、不能懂那個。我想講些粗魯的話，但我忍住了。如果我不對米爾德蕾好一點，她會又對我放肆。

9月25日

晚餐時我說了些話，讓老媽對我發脾氣，當我想解釋的時候，她說，唉，好吧，等她死後離開，總有一天我會後悔的。那樣說太過分了，我跟她說沒有死後離開這種事，人或許會死，但不會像她說的那樣從此就離開了。

當然，事後我很後悔那樣說，因為我的話只是讓她更生氣，還跟我說我是一個不知感恩的壞孩子，辜負爸爸花了那麼多錢栽培我等等。

她還說，如果我不當心點，他們最後會把我送到寄宿學校，在那裡，我很快就能學會不再胡說八道！所以，現在他們要把最新的民主之劍——或者不管它叫什麼都好——懸掛在我頭上。（中作者在此指的是 sward of Damocles ——達摩克利斯之劍，又做懸頂之劍，意指時刻存在的危機。因 Damocles 和 democracy〔民主〕讀音相近而被年幼的作者誤會為民主之劍。）

好吧，以後我會很小心的。但是我覺得媽媽說那種關於死後離開的話很刻薄，她明明知道我討厭葬禮和看到大家在那裡號啕大哭。

所以我決定，以後我死了不要舉行葬禮。那些來清理煤渣池的人可以在夜晚就把我載走，然後扔到最近的河裡，這樣就省得麻煩了……

我妹妹還是很會吵鬧，但現在已經沒那麼醜了，這樣很好。

9月28日

今天法洛琳又開始幫我上音樂課了，她教我彈貝多芬的鉅作。當她演奏的時候，我看到房間裡出現了一位紳士，我覺得就是她的父親。他似乎是來聽她彈琴的，他對我點點頭，還說了些什麼，但我聽不懂，因為他好像不會說英文。

我希望我能夠告訴她我看到他了，但我害怕自己又要挨罵。在我們剛開始上法洛琳的課的時候，老媽跟米爾德蕾說，法洛琳失去了父親，現在必須靠著教音樂課來養活她的老媽媽。

我有一種感覺，他想告訴她，他就在這裡，但我不敢說，儘管我認為那是一個可憐、可歎的老靈魂。

我跟法洛琳說，下個月我們受邀參加一個兒童派對，她說有時候她會在兒童派對裡彈琴，大家可以聽著琴聲跳舞。

她說，有些人家不會想把地毯挪走，她覺得很奇怪，因為德國人總是在裸露的底部跳舞，然後她想知道我笑什麼，我說，底部的意思就是我們用來坐著的地方（中底部，bottom，也有臀部的意思），她也笑了，她說她以為那是地板的意思。

今天下午我去找阿諾，但是傭人不讓我進去，因為她說他得了腮腺炎，很難受。

10月12日

今天颳起了好大的風，樹很快又要變得光禿禿的。喔，天啊！想到漫長的冬天就覺得很煩。書房裡的火爐很惱人，會冒煙並散發出一種可怕的氣味。老爸覺得，或許是煙囪裡有舊鳥巢或什麼的，但老媽生氣的說他在胡說八道，因為他們在春季掃除的時候就清掉了。

教區牧師感冒了，所以星期天他在布道的時候一直打噴嚏，我差點笑出聲來。今天下午老媽把我送到教區牧師家裡探望他，我和亨利聊了一會兒，他說每次他老爸身體有一點點不對勁的時候都會大吵大鬧，總是覺得自己當場就要掛了。派特摩爾先生說，那些一天到晚談論天堂的人從來不急著去那裡，我十分贊同他的看法。

喬琪娜和漢秀發生了口角，目前在冷戰中，現在我很討厭去廚房，那裡的氣氛令人害怕。除了一些簡單的溝通，她們不和彼此說話。我知道有漢秀那種光環是什麼樣子的人，可是如果我說了什麼，我只會被罵。

現在老媽很為難，她說傭人真是令人煩惱，她不知道該怎麼辦才好。喬琪娜先說她要走，然後漢秀也來說她要走，夾在她們兩人中間，老媽是一個頭兩個大，根本無法說是誰的錯——儘管在內心深處，我確信她知道那是漢秀的錯。

護士站在廚師那邊，說漢秀時常很傲慢，幾乎把她弄得煩躁不安。不管怎樣，我希望可憐的喬琪娜不會考慮離開我們，因為她是個很友善的老傢伙，甚至不會對一隻鵝發出驅趕聲！

10月19日

今天早上在課間休息時，我們偶然想到了爺爺，然後他便突然出現，透露一些事情。當時，我們在談論新教徒脫離天主教的歷史，以及天主教徒為逝者舉行彌撒等等，我們很好奇爺爺和其他靈魂對此有何看法。

突然間我就看到爺爺了，然後他說，新教徒不為我們所謂死去的人們禱告，這件事其實是不對的，因為無私的禱告者有完美的思想，能在靈魂周圍形成美麗的光芒，對他們的幫助很大，讓他們知道我們在思念他們，這能令他們開懷，也讓他們知道自己沒有被遺忘。

爺爺說，許多人（新教徒）不為靈魂禱告，是神職人員的錯，因為他們當中的很多人聲稱，當我們死後，我們會一直沉睡到最後審判日，爺爺說那都是胡說八道。他說當他在世的時候，（相較之下）他感覺更像是死了而不是活著，但現在他被認為死了，自己卻覺得更像是活著。

我在想，要是老媽知道我們跟爺爺的談話，她一定會認為是惡魔穿著爺爺的衣服來誘惑我們——那看起來確實很蠢，若是老媽能像派特摩爾夫婦一樣對任何事情打開自己的心房，情況就會好多了，真的。

我真希望我能再次看到耶穌，我想問爺爺跟上帝和耶穌有關的各種事情，但是他搖搖頭說：「今天不行，那（解釋）太困難了。」

漢秀很快就要走了，如果老媽無法在短期內找到另一個傭人，喬琪娜就會變成孤伶伶的一個人。

我的喉嚨開始痛了，感覺很不舒服，也許是因為親了一隻感冒的貓。爸爸常常責備我親貓的舉動，但我就是忍不住，誰叫牠又柔軟又溫暖。

爺爺傳達的訊息與當時代的宗教認知，尤其是神職人員所宣說的信仰思想，存在有許多差異。

11月8日

我因為得了流行性感冒而待在床上——我必須問老媽才知道這個詞的拼法。

現在我仍然待在床上，但能坐起來一下，拿起鉛筆寫日記。當我生病臥床時，老媽總是很和善、很熱情（應該是「有同情心」）。但是我的感覺很糟，現在老爸也感冒了，因為醫生說它很容易傳染。

派特摩爾先生來探望過我兩次，就連派特摩爾太太也來探望過一次，她還帶來了一些果醬給我。親愛的威爾科克斯先生也來過，他試著讓我開心起來，講了些有趣的故事給我聽。

但後來，米爾德蕾跟我講一個令我煩心的消息，幾個月之後他將離開我們的地區，因為他被分配到一個完全屬於他自己的教堂，我忘了那個地方的名字。唉，我一定會不停地思念他。

爺爺出現過好幾次，似乎是想安慰我。但最好的是我又看到耶穌了，他很和善地對我微笑，讓我覺得好多了。當我身體不適時的困擾是，我好像聽不清楚靈魂在說些什麼，它們看起來離我好遙遠，我感覺我的腦袋裡像是充滿了霧似的。現在我很疲倦，沒力氣再寫下去了。

小男孩身體的健康與否，也會影響與靈魂交流的狀況。

11月12日

今天我感覺好多了，不過還不被允許下床。當我躺在床上的時候，我好像夢到發生在很多年以前的事情，我似乎變成別人，但不知怎麼的，又一直是我自己，就好像是我記起了什麼事情似的。我看到的人都穿著滑稽的舊式服裝，就像圖畫書和歷史故事書裡的那樣，我完全不知道為什麼會如此。

我昨天在思考這件事情時，突然看到耶穌了，我聽見他——雖然聽起來很遠——說：「孩子，這不是你在人間的第一世，我們之前都在這個世界上活了很多次，而你看到的就是被儲存在靈魂裡的前世記憶。」

他告訴我，我很快就會想起許多事情，假如其中有些並非好事，我不要為此感到不安。他說，不記得自己所犯的錯誤的人，會再次犯同樣的錯誤，但記得的人能夠學習到智慧。然後他又說，人們所說的良心其實是一種記憶，試圖告訴他們不要再做之前那些錯誤的事情，因為那些事情曾為他們帶來麻煩。但是我更幸運，因為當我有那種逼真的夢境（或者更準確地說，幻象）時，我能真正記住那些事情，而我現在已經開始擁有這樣的夢境。說完之後，他賜予我祝福，然後就消失了。

說真的，我好愛耶穌。但奇怪的是，對於他所說的前世，我並不十分驚訝，因為在我骨子裡，我有好幾次感覺到自己有一部分很老很老。

下個禮拜，我要試著讓他們准許我下床。

小男孩藉由夢境，竟也看見了前世的自己，而「耶穌的靈」告訴他，前世的經歷對於此生有何種意義。

11月13日

今天法洛琳來探望我，她對我真好。然後我們稍微聊了一下，我說，要是我能聽到一點音樂就好了，然後她說：「那麼，好吧！如果你這麼想聽，你會聽到的。」於是我們做了個決定，如果她把我的臥室門和兒童室的門打開來，我應該能很清楚地聽到鋼琴聲，結果真的很令人滿意。但當然，兒童室裡的鋼琴品質差多了，聲音不像客廳裡的那臺那麼優美。

當法洛琳彈奏的時候，我做了另一個奇怪的夢，也就是耶穌所說的前世記憶。我幾乎全裸地坐在一個山洞裡，只有我一個人，我全身的皮膚是像巧克力一樣的棕色，天氣（氣候）熱得不得了。但好的方面是，我感覺非常平靜、快樂，似乎在愛著全世界。

然後我又做了另一個好夢，我彷彿置身天堂一般，但是我無法說出來，因為我不知道怎麼用言語去形容。過了一會兒我好像走出剛剛的夢境，然後有個黑人頭上纏著像是毛巾的東西（也許是纏頭巾），他對我鞠躬，用碗遞了某種東西給我吃。我想我很老了，照顧我的男孩不是我兒子，而是學生（門徒）。然後有幾個頭上也纏著毛巾的男人來探望我，對我鞠躬，我教他們一些聽起來很有智慧的事情，不過我不記得我說了些什麼。

不知怎麼的，這些夢境和法洛琳在兒童室彈奏的音樂聲都混在一塊，當她停下時，一切都結束了，但我希望夢境能一直持續下去。後來我跟法洛琳說，她的音樂把我帶到九霄雲端，她聽了似乎很開心。不過，我沒告訴她我看到的東西，因為她或許會認為我瘋了。現在我要去讀點書了。

11月15日

我終於可以下床了，但身體還沒完全康復，常常想坐下來。當我走動時，我會感到心跳加速，有點喘不過氣。老爸仍然需要臥床，老媽感覺很不舒服，但要是她得的病不是感冒，我應該也不用驚訝。人為什麼會生病，難道不能天生就不會生病嗎？

星期一我要開始上課了，但是醫生說，在我恢復到更強壯之前，我一天只能學習一個小時。

11月22日

今天我只上了一小時的課，從十點到十一點。不過讓我感到開心的是，下課後派特摩爾先生留下來陪我聊天。老媽待在床上，醫生每天都來看她。老爸已經可以下床了，現在坐在書房裡，他要等到身體可以負荷時再開始上班。

現在我們有了一個新的傭人，漢秀是在我生病臥床時離開的，護士說，終於解脫了！

新的女傭叫做麗茲．巴克托特，但我們都叫她麗茲，因為巴克托特這個姓好奇怪，我覺得所有含 uck 的名字都很難聽。

她長得很漂亮，要不是她必須戴著帽子、穿著圍裙以及那種側面有彈性布的靴子，我說不定會愛上她。但不知怎麼的，我就是不會愛上這種穿著打扮的人，他們——就像阿諾說的——讓我提不起勁。

我不知道自己是不是不能再打板球了？醫生說我不能跑步，因為我有心臟方面的問題，所以我猜我大概不能再打了。今天一整天的霧霾都好嚴重，天色灰暗，空氣難聞，真叫人難以忍受。

11月23日

昨天晚上睡覺前，我看到耶穌了，他給我一個大驚喜。他說，某一天當派特摩爾先生來這裡的時候，他會出現，然後告訴我們他要派特摩爾先生寫下的事情，之後再把口述內容給我，因為他所說的事情，有些或許需要派特摩爾先生幫忙解釋。

我聽了好高興，我確實很想讓派特摩爾先生知道耶穌的事情。今天當我告訴他這件事的時候，當然，他非常驚訝，但也十分開心。

11月25日

奇蹟永無止境！太好了，原來在今天以前我對耶穌的觀念一直是錯的。但我不在乎，不管他是誰，我都一樣愛他，就算他要我用雙手雙腳爬到倫敦，我也願意為了取悅他而嘗試，不過我知道他絕對不會要求我做這麼愚蠢的事。不管怎樣，這是我昨天聽到他說的，我複誦給派特摩爾先生，然後他用速記記下來，今天口述課時他再交給我。

「孩子，現在我有幾件事情要告訴你，若在此前要你了解這些事情，是不可能也不明智的。首先，如果我要告訴你我不是耶穌，而是另一個名字並不重要的人，是你好幾世的老師（見後記），你不要感到難過。雖然你是一個成熟的靈魂，但請記住，你所擁有的身體和頭腦仍然很年輕。若在此前告訴你，我跟你所想像的不一樣，對於你年輕的腦袋而言，只會帶來困惑而非啟發，並沒有任何的實質意義。

所以我告訴你，我們這些人的任務，是去幫助和教導那些具備必要資格的人，而且我們自稱為『長老』，這樣就夠了。孩子，我是這種人的其中一員，或者如果你願意，你可以簡稱我為E. B.。

但是，請根據我所說的來評斷我，而不是根據你對我的想像，否則，對於不了解我的你來說，我該如何親自證明我的身分呢？

願你相信我寄宿在一個東方人的身體裡，我有能力隨意離開他，以靈魂的形式出現在那些有能力看見我的人的面前。

這種能力，孩子，你在前世裡便擁有過。不久前，你在幻象中憶起了在印度的生活，那便是你其中一個前世。

你要知道，這一世的努力會在下一世中以力量或天賦的形式重新顯現。沒錯，毫無疑問，任何努力都不會白費，人會變成他之前造就的模樣，無論好或壞。

不要像無知的人一樣，認為人類可以在七十年的壽命中達到完美，在宇宙裡，一切都在演變的過程（即進化）中，就像大自然與人類一樣。你們的《聖經》中寫著『要怎麼收穫，先怎麼栽』，其中便包含了人類尚未了解到的更深奧真理。

孩子，在不久的將來，你將理解它全部的意義。

在此期間，我請你現在的導師幫忙解釋說明我所使用的詞語，你並不熟悉這些詞語，而由我自己來解釋會耗費太多的時間和力氣。此外，我希望他也能分享我欲傳授的古老智慧。

孩子們，因為你們倆與我共同經歷了好幾世——儘管我們走的路各不相同。不要想像任何事情都是偶然的結果，一切都受到定律的支配。過去你曾愛過的人會與你再次相遇，共享歡喜；而你恨過的人也會與你再次相遇，一同經歷痛苦——但你如果明智的話，就該選擇原諒。

由於過去你們彼此相愛並互相幫助，所以現在你們被賜予再次相愛和互相幫助的機會；年長者傳授世界的學問給年輕的，年輕的成為傳遞通靈學問給年長者的工具。年長者雖然在此世中與知識之光隔絕，但仍不失為一個偉大且具智慧的靈魂。

記住這一點，孩子們，在神明的眼中，重要的不是你們所相信的，而是你們的本質，因為它們會從心靈——而不是頭腦——中去尋找那閃耀的寶石。擁有偉大智慧的人或許心地邪惡，但擁有偉大心靈的人永遠不會擁有邪惡的頭腦——儘管它或許缺乏力量。當人達到目標之後，他在所有事情上都會變得優秀……現在，該說的事情已經說夠了。我祝福你們倆，直到我再次來臨。」

當我（透過超聽力）聽到 E. B. 說話時，他的語氣和善、溫柔，跟爺爺說他是牧師的那個老傢伙一點也不像，那個老傢伙就像在華人市場裡對著我們吼叫的公牛一樣！

我們終於知道，小男孩眼中的耶穌並不是真正的耶穌，而是他好幾世的老師，一位修行的高靈。

高靈老師傳達諸多的教誨給他，例如每一世的作為都將影響下一世的面貌，每一世的相遇必有其原因。

11月27日

爺爺今天又出現了。

我們正好想到他，好奇他對前世有什麼樣的看法。有趣的是，他說他不相信這種事情，當然也不想相信他會再轉世投胎。

這讓我們感到有些意外，我們問他，他在靈魂的國度——派特摩爾先生是這麼稱呼它的——裡有沒有看到「長老」。他說他不知道關於長老的事，不過在靈魂的國度有一種叫做「指導者」的靈魂，也許他就是其中之一。

他告訴我們，有些指導者是紅皮膚的印第安人，附在人類身上，透過他們在人間說話，教導他們一般人所謂的通靈術。

好吧，下次E. B. 來的時候，我們要問他，為什麼爺爺不相信靈魂轉世，因為派特摩爾先生說，假如那是真的，但爺爺對它卻一無所知，那也太奇怪了。說到這裡，連派特摩爾先生都說這個觀念（轉世）需要漸漸適應，因為他感到太意外了。可是它對我來說卻不會，因為我似乎從骨子裡就知道那是真的……

老媽的身體狀況仍然很差，今天早上我在上課前去看她的時候，她的聲音很柔弱（虛弱），整個光環都很暗沉，我希望她不會死。她要我代為問候派特摩爾先生，當我轉達的時候，他也致上謝意，但跟我說，他鼓勵我做她一點也不同意的事情，讓他覺得很糟糕，尤其是在她生病臥床的時候。

今天我對此感到有些焦慮，非常希望E. B. 能來解釋，說這一切都沒問題，但什麼事也沒發生。現在我疲倦了，要上床睡覺，就跟佩皮斯先生一樣。

這裡顯示了靈魂並非全能全知，靈魂也被自己生前的所知局限，一如死去的爺爺並不認識「長老」，也不相信靈魂會轉世，只知道稱為「指導者」的靈魂。

11月28日

今天我嚇壞了，我的二號變成了像血一樣的紅色，我以為自己一定是生重病了。但奇怪的是，我並沒有感到不舒服。不管怎樣，我覺得我該把這件事告訴某個人，好讓自己安心一些，所以我跟米爾德蕾說了。

但事後我希望我沒有這樣做，因為她變得憂心忡忡的，還去跟老媽講了這件事，結果老媽立刻請醫生來看我。

醫生看著我，在我身上觸摸，又問了我許多問題。然後他說，嗯……唉……擺出一副嚴肅的表情，但看起來十分困惑，不知道該說什麼才好。這一切都很令人尷尬，因為現在我要用室內便器上二號，這樣他明天才能觀察它的樣子，是否仍然是紅色的等等。然後他開了一些很難吃的藥給我……

我剛剛看到爺爺了，他說：「孩子，你看起來很憂心，怎麼了？」於是我跟他說了關於我二號的事情，然後他說：「我看不出你有什麼問題，你有吃甜菜根嗎？」我回答說有，事實上就如此。然後他笑了出來，說醫生是笨蛋什麼的，總是在不對的地方尋找問題。我問：「我要拿那些難吃的藥怎麼辦？」他說：「丟到水槽裡，假裝你吃掉了。」

親愛的爺爺知道我沒有生重病什麼的，真教我鬆一口氣！

11月30日

今天早上我去向老媽道早安時，我看到威利舅舅和另一個靈魂在房間裡，他們在為她做某種事，可以讓她舒服一點。我想留下來瞧瞧，但那只會妨礙他們，況且上課時間也到了，我必須離開。令我開心的是，老媽的體力似乎好些了。

喝過牛奶、吃過餅乾之後，派特摩爾先生帶我去散步了一小段路，因為醫生希望我稍微外出一下，他說我現在已經恢復了些。我們遇到一對母子，那個孩子在耍性子，而做媽媽的不知道該怎麼辦才好。於是派特摩爾先生說，「養育一個忘恩負義的孩子，比被傭人的利齒咬到更令人心痛！」（雖然我不太認為我的老師會引用失當，但就算在維多利亞時代，仍有某些傭人對看牙醫感到卻步）（中 派特摩爾先生說的是蛇類〔serpent〕的利齒，作者將 serpent 理解成 servant〔僕人〕，而當時的僕人很少擁有一口好牙）。

昨天 E. B. 來看我們，以下是他所說的話：（我的老師再次把它記下來，口述給我。）

「你們好，孩子們！我接收到你們許多的想法，知道你們內心歷經煎熬，因為現在臥病在床的那個人不贊同你們的做法。但是孩子們，請問問自己：無知該不該成為知識的阻礙？偏見該不該阻撓靈魂的進步？錯誤是否總能勝過真理？眼明者是否應該因其他人的盲目而被遮蔽了視線？

為了給你們一些安慰，孩子們，要知道：在人的一生當中，即便觀念可能不容易改變，但在靈魂上所留下的印記，會在後來的生命中開花結果。年輕的孩子，你的母親由於成長背景和正統信仰而輕視和否定你的知識，直到她離世的那一天。

然而，無論表面上她多麼嘲笑這種知識，但總有一天她內在的靈魂會吸收它，成為她根本的啟蒙知識。

孩子們，不要以為我是那種同意為了善的原故而可以做惡的人。我要說的是：有些人秉持一種錯誤信念，認為出於善意而去做人們認為是邪惡的事情往往是對的。現在，你們已經得到了答案，讓自己心靈平靜吧……還有什麼事情困擾著你們嗎？」

派特摩爾先生問，為什麼爺爺不知道有前世存在。E. B. 微笑著說：

「不要以為那些已經離開肉體的人就具備所有知識。假如你們去到一個陌生的國度，住在某個城鎮裡，你們就會因此了解和相信那個國家的所有宗教和哲學嗎？並不會，與其接受它們，你們更可能堅定地抱守著自己的信仰和偏見，而那些處於低層級、已經脫離肉體的人也是如此。

曾經是那男孩的祖父的人，他處在一個既真實又虛幻的層級，而虛幻的成分更大，因為他的想法能在一瞬間化成形體。以人間的例子來說，一個雕塑家也許會想到一個題材，但只有當它以石頭或金屬的形式被雕塑出來時，它才成為一個物體。但在所謂的星界層裡並不是這樣；因為那個層級裡的物質可塑性相當高，所以腦子裡的題材幾乎在轉眼間就有了形體。正因為這個原因，即使信念也許是錯的，但仍然看似真理。

孩子，東方人在具有肉身的時候就學習到轉世的學說，並在脫離肉身之後也維持著這個真理。但西方人卻喪失了這種學說，因為從前，他們的神職人員和教會領袖將它從教義中刪除了。然而，有一天它將重返教義，到時人類會明白「你們怎樣判斷人，也必怎樣被判斷」的完整意義。讓這個真理刻到你們的心中：在上帝完美的世界裡，一切都是公正的，每個人都是透過過去的思想、欲望和行為，而創造了自己現在的命運——在自己種下善果的地方收獲善果，在種下惡果的地方收獲惡果。因為這就是因果定律，而非美德與報酬，也無關罪惡與懲罰……

我要走了，但在離開前，我還有話要對男孩說：『孩子，愛你的母親，要愛得更多更深，因為你讓她難以理解，就像一隻不屬於她羊欄裡的小羊羔，這令她感到憂傷。』」

（在很後來的溝通中，E. B. 用他更優美的語言告訴我，如果他沒有適時地拯救我，我母親反對我心靈探索的態度可能會令我十分氣餒，而阻礙我進一步的發展。或者更糟的，她可能會說服我相信自己是「精神錯亂」的患者，那絕對不利於我的心理健康。

他在我這麼小的時候告訴我關於母親的局限性，並且說明我違背她的願望是正當的，這種智慧看起來或許不尋常，但是非常狀況需要以非常手段處理。

他還告訴我，我與派特摩爾先生相識都是為了抗衡母親無知但可原諒的偏見所帶來的不良影響。

我的能力對大多數人來說都很困惑，當時若是沒有我的家庭教師，我就連一個能夠理解我的夥伴都沒有了。此外，派特摩爾先生能夠記錄下E. B.的長篇發言，也是一項相當重要的資產。）

小男孩從舅舅靈魂的作為來看，靈魂似乎可以施予人部分的能量，例如讓病患的病症稍微舒緩。

從長老對於轉世與命運等說明，我們可以推測長老的靈高於爺爺的靈，且深具東方智慧素養。

11月30日

今天發生了一件可怕的事情，讓我心裡覺得七上八下的。喬琪娜在廚房裡昏過去了，老爸說他早就在擔心，因為她脖子短什麼的。可憐的喬琪娜被送到醫院去，因為醫生說那是最好的做法。麗茲的表現一點也不體貼，她說她不會和一個病得那麼嚴重的人睡在同一個房間（傭人都睡同一間臥房），而母親的身體太差，什麼事也做不了。所以，護士只好連忙出門去找普瑞特曼老太太，否則沒有人煮飯給我們吃，那可麻煩了。

今天早上起床時我有一種感覺，覺得會有訪客來家裡，但不知道是為了什麼事。天啊，我希望自己對事情不要這麼在意，我覺得亨利或阿諾就不會像我這麼在意。

有一天老爸說，有些人是含著金湯匙出生的，我不能說我是。或者我不應該那樣說？不，我知道我不應該。唉，想想那些無法看到可愛仙子和靈魂的可憐人，以及看不到我所愛的 E. B. 的可憐人，還有派特摩爾先生。

12月2日

駭人的消息，喬琪娜離開這一世了。當我聽到這個消息時哭得好傷心，雖然我知道那很蠢，因為她不是真的離開，也許這幾天我就能再見到她。

米爾德蕾大哭了一場，但當然，她認為人死了就什麼都沒有了，我說什麼都沒用。就算老喬琪娜出現了，我也必須閉緊嘴巴，不過我一定會告訴派特摩爾先生（在我們的老廚師去世後，我便再也沒有見過她。就像我的祖母一樣，她對來世有著非常狹隘且堅定的觀念，毫無疑問，她會被吸引到她自己所創造、以及她教派的同伴所在的天堂）。

12月6日

可憐的喬琪娜入土了，我們去為她獻上花圈，我祈禱她能夠快樂。不知怎麼的，現在我不喜歡去廚房，因為那讓我想哭；而且，聽鸚鵡模仿她滑稽的喉嗚聲太令人難過，因為她已經不在了。我猜湯米（貓）也很想她吧，她一直很照顧牠。

唉，老爸說我們若想在聖誕節前找到新的廚師，會費一番工夫，因為傭人喜歡留在原本的工作崗位，直到他們拿到聖誕盒，然後寫紙條表達他們的感激。事實上，自從珍妮走後，老爸似乎就對傭人沒興趣了。他真的很喜歡珍妮，我記得有一天早上聽到他說：「珍妮走的時候，我心都碎了。」

老媽開始恢復到她原本的狀態了，不過她還不能外出。教區牧師前來問候，但他沒進門，我猜他是怕被傳染。

還有很多人也登門問候，這是因為老媽因病而沒去教堂的關係。當老爸生病時，來問候的人連一半都不到。

12月9日

E. B. 來看我們，派特摩爾先生向他提出一些問題。他說，如果像爺爺那樣的靈魂會遇到相信轉世——現在我學會這個長長單字了——的印度人，那為什麼他還不相信轉世這種事呢？

E. B. 微笑著問：如果人間的基督徒遇到印度人，基督徒就會相信印度人的信仰嗎？派特摩爾先生說不，他覺得不會。但是當一個靈魂回到人間時，別的靈魂會不知道嗎？E. B. 說他們不知道，因為在爺爺的世界裡（即在爺爺的那個層級），那些靈魂曾經去過更高階的世界，並且待了一陣子，然後才回到這個世界。這就是為什麼很多通靈者——好長的單字——認為人在世間只有一世，然後往上走得愈來愈高，不再涉足人間的原因（當然這只是我對E. B.的話的原始解讀，不過我認為這個觀念或多或少是對的）。

然後派特摩爾先生想知道，在靈魂去到更高階的地方待了一陣子之後，是什麼讓它們再度回來（人間）。但E. B.說他現在沒時間跟我們解釋，他會派一位英國學生來協助我們……所以，有一個新的驚喜在等我們。

我很好奇他什麼時候要來，他會是什麼模樣？派特摩爾先生應該會把他說的話記下來，如果我不懂的話，之後他會解釋給我聽。

12月11日

老媽下床走動、做事了，但似乎發現生活的負擔重到難以忍受（這是一個好笑的誤用詞，年幼的我要表達的是生活「不便利」，而非「難以忍受」。但是，呃，其中包含一點點真實，因為，生活本身並不會因為人們擁有容忍的美德，就變得體面）。

昨天，那個靈魂在我們喝牛奶、吃餅乾的時候出現，事後派特摩爾先生把他記下來的內容口述給我。其中有些超出我的理解能力，但派特摩爾先生在講述時很體貼地解釋了一遍。現在我每次上課已經超過一小時了，因為醫生說我可以。在接近聖誕節前，我們都不會休息。

派特摩爾先生告訴老爸，他可以補足我身體虛弱時沒上課的時數，如果老爸想要的話，所以老爸覺得他很大方，而我一點也不介意……

當那個新的靈魂到這裡時，老媽衝進房間，擾亂了我們。她進來向派特摩爾先生問好，感謝他體貼的問候，以及他和他太太送的花。當然，她沒抓到我們正要幹什麼事，幸好，否則又要大吵大鬧一陣了。我們很幸運，靈魂一直等到她離開。他是一個很親切的靈魂，看起來很年輕、愉快，有著很漂亮的光環。以下便是他的發言：

「我的師傅派我來回答你們的問題，你們想知道什麼？」

派特摩爾先生說：「很簡單，我想知道是什麼原因讓特定的靈魂在特定的時間回來這裡（轉世）？」（除了答案之外，我的老師通常也會記下問題。）

「要理解這一點，你必須記住生活是一種很複雜的事情。我的朋友，你有你的物質生活、情感生活、思想生活和心靈生活，這些都與你此世的生命息息相關，並構成你整體存在的一部分。你當然知道你有一個物質的身體，因為你可以看到和感受到它。但你不知道的是，你還有情感身體、思想身體和心靈身體，而且這些愈來愈微妙的身體相互滲透，並與你的物質身體融合在一起。如果你能看到光環，你就能領悟這一點；到目前為止都很好理解。

現在要讓你的物質身體保持運作，你必須滋養和鍛鍊它，否則它就會變得非常虛弱無力，並很快枯槁和死亡，這一點很明顯。但是你更微妙的身體呢？它們不由粗糙的物質組成，所以你不能讓它們吃牛排和馬鈴薯，你必須用不同的方式去活化和『滋養』它們。如果你從來沒有感受到任何情緒，或者壓抑了所有的感受——就像某些被誤導的人那樣，你的情感身體就會變得弱小；如果你不開發你的頭腦，你的思想身體也會變得弱小；你更高層次和更微妙的心靈身體也是如此。結果是，在你從物質層次上脫離了你的物質身體之後，你那弱小且未開發的更微妙身體無法在各自的層次上長久生存。現在你明白我指的是什麼了嗎？」

「不完全是。我不明白的是：如果我更微妙的身體因缺乏能量而消亡，為什麼我必定回到人間，而不是像燭火一樣熄滅？」

「我的朋友，因為你是不朽的靈魂，永遠不會消亡。你就像那些不可知論者，他們很喜歡用這個比喻，認為這例子很貼切。但你忘了，吹熄燭火並不會摧毀蠟燭本身。」

「也許我很魯鈍，但我仍然不明白為什麼靈魂必定會回到人間，變成另一個人？」

「那是因為，儘管你所秉持的是非正統的觀念，但是你在某種程度上仍受到教會的影響，而教會對這件事情從頭到尾都搞錯了。教會相信，當一個嬰兒來到這世上時，上帝會為它的身體創造一個新的靈魂。我的話可能中傷了教會，因為很難知道教會到底相信什麼。

不管怎樣，這種觀點就像在說，每次都必須創造一個新的身體來搭配一件新的外套一樣，而不是反過來做。」對此，我們兩個都笑了出來。

「事實正好相反。當靈魂脫離了它更微妙的身體，或者說是『死亡』，然後進入到更高的層次之時，它——而非某個外在的至高權力——必須自行提供另一個物質皮囊，才能去體驗由它之前在人世間創造的因所導致的『果』。

換句話說，它必須實現其自我創造的命運——為了達到這個目的，它會投生到一個特定的家庭。你覺得為什麼有些夫婦沒有子女呢？通常這是因為沒有靈魂渴望或被允許選擇這樣一對父母。」

「我了解了，非常有趣。但你的意思是說，我們必須經歷死亡和重生的循環，就這樣一直下去嗎？」

「不，只會持續到你在物質層次停止製造『因』，因為有『因』必有『果』。給你一個老套的例子。人間的普通人通常背負著商業關係、社交關係、家庭關係和無數的責任與義務，這些束縛把他拘束在一個特定的地方，他無法擺脫它們。他也許會休個假，但遲早必須回去重拾工作，支付或催收他的債務，和履行所有其他的義務。他已經先創造了所有的這些責任，無論喜不喜歡，他都必須進行到底。

靈魂也是一樣，只是影響的層面更廣了。靈魂透過追求金錢、建立家庭、獲得財物、社會地位以及其他許多『世俗財寶』，在人間創造了種種關係和義務。所有的這些束縛終將把它帶回人間，透過經驗來教導它智慧。假如它播下惡的種子，它便回來收獲惡果，並透過受苦來償債。假如它播下善的種子，它便回來收獲善果。假如它播下的種子有善也有惡——就跟大部分的人一樣，它便回來收獲善果與惡果，在這種情況裡，它的轉世將摻雜了所謂的好運和壞運。」

「那麼，完全不用回來的靈魂要做什麼呢？」

好奇怪，話才說完，那個靈魂就突然消失了，我無法告訴派特摩爾先生答案。不過，或許就像老媽常說的，這樣最好，因為我開始感到疲倦了。

來訪的高靈（亦即之前長老所說的「英國學生」）說明了生命本身除了有形的物質身體外，還有情感身體、思想身體與心靈身體，會相互滲透與融合。生命的發展，必須去活化並滋養這些身體。

12月14日

我的臥室裡飄著好可怕的臭味，我快要吐了。老媽認為一定是木板下有死老鼠，所以她怪貓咪不盡責，放任老鼠不管。可是我喜歡那些可憐的老鼠，我必須說，我希望牠們沒有死，也不會散發出那麼難聞的氣味。不管怎樣，我們請了工人把木板砍斷，老爸抱怨說那花了他大把鈔票。

那個靈魂昨天又現身了，致歉說他突然消失，嚇了我們一跳。派特摩爾先生把他的話記下來，內容如下。

「很抱歉前幾天突然消失，但我被召回到我的身體。由於我沒有給你任何理由讓你們不這樣想，所以我猜你們或許以為我的魂魄分裂了？但事實並非如此。

明確地說，我正好是所謂的英印混血兒，身在千里之外，趁我的身體在睡覺時來與你溝通。我們的晚上是你們的白天，若非如此，我就不能像這樣來找你們。我學會趁我的肉體睡著的時候，利用我的星體在這個層級上執行任務。

你的小夥伴也具有相同的能力，我們經常在這裡見面，但早上當我們兩個回到身體之後都不會記得這些。這對你來說也許很奇怪，但其實很簡單。如果沒有經過特殊的訓練，星體不會用它經驗的記憶在肉體的大腦中留下印象。這個男孩的靈魂比我更高階，之後，他也許會獲得某種程度的這種能力。無論如何，我們都可以說是過著雙重生活；白天我們過著人間的生活，晚上則在這裡生活。當然，如果我們試圖與某些能夠看到我們的人交流——雖然能看到的人並不多——正如我現在所做的，總是有可能被噪音或其他使人驚醒的事情突然召回到肉體中；若是如此，我們會以令人困惑的方式消失，就像我在那天晚上——對你來說是白天——消失一樣。反正，事情就是這樣……經過這麼冗長的解釋，你上次想問我什麼問題呢？」

「我想知道，不需要回到人間的靈魂，要做什麼事呢？」

「人必須在天堂累積寶藏，而不是在人間追求財寶。簡言之，一個人必須變得無私，或者如印度聖賢所說，他必須成為一個沒有執念的人。

首先，他必須避免為惡，才不用在來生中償還。

其次，他行善必須是出自於自己的本意，不求回報。

因為強烈的渴望——除非是無私的，否則遲早都會成真，而它們正是將人們束縛在人間的枷鎖。強烈的渴望有點像回力鏢，你將它們以渴望的形式投擲到時間中，它們以實現的形式回到你身邊。

比方說，一個人在他某一世中強烈渴望某種名望，但局勢乖違，他在願望實現之前就去世了。會發生什麼事呢？透過強烈的渴望，他產生了無法消失於無形的微妙力量，就像回力鏢無法在空間中消失一樣，所以他最終必須回來經歷他滿足願望的過程。這個情況是如此，別的情況也是一樣。大部分的人都想發財、有權力、佔高位，或在社會上表現出眾。所有這些由虛榮心驅使的欲望，都是捉住靈魂並將其拖回轉世中的套索。我表達得夠清楚嗎？」

「很清楚。那麼，我的理解是這樣的，你所提到的一切事物都是邪惡的，沒有人應該變得富有或著名，是嗎？」

「這些事物本身並無善惡，而是我們對它們的執念使它們對我們而言變得邪惡。例如，耶穌說，貪財是萬惡之根源。我的師傅也說了同樣的事情，只是換了個詞；他說對金錢的執念是一切邪惡的根源。

我知道印度的『非執念』對你們來說可能很費解。然而，其實它非常簡單。它實際上意味著，你不能將自己的快樂寄託於外在事物上。因為，唯一真正且持久的快樂是存在於內心的，也就是說，存在於更微妙的身體之中，尤其是存在於與上帝合一的最高靈體中。我現在必須離開了，否則會讓這個孩子感到疲倦。再見。」

派特摩爾先生在靈魂離去後說道：「好吧，我們確實要活到老學到老。」不過聽到我在睡著時會進入靈魂世界，我一點也不感到驚訝，因為我常常有這種感覺，覺得自己不是只待在身體裡無所事事。

來訪的靈魂特別說明原來他是目前仍存活於世的人，藉由天賦或訓練，他能在睡眠時讓靈魂脫離身體，來此與他們交談。這位「英國學生」說明了無執念、無私、善惡、欲望等等的生命哲理。

12月15日

今天早上我們都嚇壞了，因為老爸收到一封信，說羅伯叔叔病得很重，所以老爸和老媽連忙收拾行李，要趕到倫敦去看他。他沒有娶太太，跟威爾科克斯先生一樣，一直都是個單身漢。我猜也許是他沒遇到喜歡的對象，或者他不知道如何追求女性。

不管怎樣，他現在病得很重，米爾德蕾說，如果他死了，他會在遺囑裡留很多錢給老爸，因為老爸是他唯一的兄弟，而他自己又沒有孩子。我希望可憐的羅伯叔叔不會死，儘管我有一種很討厭的感覺，覺得他會死。

米爾德蕾說，如果他死了，我們都會很哀傷，然後那會毀掉我們歡樂的聖誕節，那會是個非常艱難的時期。叔叔買了新的割草機或者新的什麼東西，我很遺憾她說，許多人並未因此改善生活。所以整體而言，前景並不樂觀。

對於必須趕到倫敦，老媽一點兒都不開心，因為自從得了流感之後，她覺得身體還沒有恢復到適合搭那麼長程的火車；老爸的氣色看來也不怎麼樣。他們離開的時候說，希望我們乖乖的，不要頑皮。

這次在道別的時候，我表現得相當守規矩。跟過去相比，我在這方面做得更好了，不管怎樣，這都是一種福氣。

星期五我要和派特摩爾先生告別，心裡覺得很遺憾。

12月17日

今天米爾德蕾收到老媽的來信，裡頭有壞消息。當他們抵達倫敦時，他們發現羅伯叔叔死在床上。要是他住在我們附近，而不是住得這麼遠，我想我早就難過得流下眼淚了。事實上我們只見過他幾次，不過老爸每次去倫敦的時候都會去看他。當然，老爸失去了他的兄弟我感到非常遺憾，老媽在她的信裡說那是一大損失，我們要像乖小孩一樣，馬上寫信給父親，告訴他我們有多遺憾。

米爾德蕾說，那種信叫做吊唁信——我必須用字典查這個字的拼法——超級難寫的，她不知道到底該說些什麼。我也不知道。

最後我想請親愛的派特摩爾先生幫我寫一封文情並茂的信，但他覺得那樣不好，因為如果我不用自己的方式寫，我爸媽可能會覺得事有蹊蹺。不管怎樣，他還是幫我寫了一點，然後我們把它郵寄出去。

想當然的，我猜米爾德蕾一定迫不及待地想知道我寫了些什麼，好取笑我。但對她來說糟糕的是，信件一直安全地在派特摩爾先生的口袋裡，在她還沒機會拿到前就寄出去了，反正我也不會把信給她看。

長話短說，總之，老媽和老爸要到星期天才回來。老媽寫信給普瑞特曼老太太，要她立刻將爸爸的黑色西褲打包遞送，因為明天就要舉行葬禮了。

我覺得媽媽很狡猾，事先帶了她最好的黑色禮服，以防萬一。但也許爸爸不想這麼做，因為他害怕這樣看起來好像事先就盤算好似的。當然，我們將會有一個不歡樂的聖誕節，必須從現在開始哭喪著臉。我真的覺得我們是最不幸的，先是可憐的喬琪娜走了，現在又是羅伯叔叔。

12月18日

我昨天後來不想再寫了，所以今天要把遺漏的寫下來。

我和派特摩爾先生告別，沒有他的陪伴，我感到很失落。但是他說，有一天他會來找我出去散步，若天氣允許的話，他會另外找一天邀請我和他太太一起吃午餐。

他告訴我，他希望我在放假的時候能寫點小故事給他，當做練習，然後我說我會的。不過我還不知道我會寫些什麼。

我想，我最好寫一個關於小女孩跟仙子國王或老地精一起生活的童話故事。不，仔細考量之後，我想我應該把她寫成大女孩，因為我並不是很喜歡小女孩，她們很笨，只會閒聊瞎扯……

天氣變得很糟糕，又濕又冷，我到老爸的書房裡，埋首於書堆中。我又讀了一點佩皮斯先生的書，他似乎非常喜歡談論壁櫥。他在其中一段中提到：「羅素太太送給他妻子一座非常精美的聖喬治石膏像，這將讓他妻子的壁櫥強力地整裝待發。」我想知道他所謂的「整裝待發」是什麼意思？出門野餐時爸爸也會講到「整裝待發」，但它們不可能是同一個意思。想一想，其實我對佩皮斯先生所說的一半都不懂，但我喜歡，因為聽起來很有趣。

今天下午阿諾來了，我們一起玩西洋棋。不過他老爸教他，並不如派特摩爾先生（教我）教得好。他沒有保持警覺，當他注意別的地方時，我拿下了他的皇后。

12月19日

今天米爾德蕾例外地不想（熱衷於）去教堂，她說，如果老媽明天不回家、也不會問的話，她就不去。這讓我感到不對勁，我相信她是十分鍾情於艾默里先生（助理牧師）的。不管怎樣，我們還是去了，我很喜歡風琴的演奏聲。等我長大以後，我應該要買一臺屬於我自己的風琴。米爾德蕾說那太蠢了，因為它會佔掉整個客廳。但我需要在乎嗎？

她很興奮，因為羅伯叔叔去世了，她需要買一件新洋裝。我想我也必須穿黑色的外套和燈籠褲，我好奇老媽會不會穿黑色的喪服。有趣的是，大家會因為某個人去了靈魂世界過好日子而穿黑色，我覺得這很愚蠢，但我不敢對老媽這麼說。一片黑壓壓的讓人感覺好陰沉，如果我能自己決定，我會穿著黃、藍、粉紅等好看又鮮艷的顏色，我相信那對逝者比較好。

爺爺剛剛又出現了，他說：「孩子，你完全正確。」真是讓人驚訝！我問他羅伯叔叔的事，他說：「別擔心，我們在照料他，而且這裡有一個非常特別的人已經等了他很長一段時間了。啊，他很高興再次見到她。相信我的話，你以後可能會聽到一些事情，然後想起我今天所說的話。但是現在明智的做法是，什麼都不要說。」

（幾年之後，我聽說叔叔曾經有過一段悲劇的戀情，他深愛的對象死於肺癆。羅伯叔叔傷心欲絕，此後一直維持單身，並累積了一筆財富——毫無疑問，很多女人都願意與他共享。）

12月21日

昨天老爸和老媽回來了，他們的表情看起來有些沮喪，但奇怪的是，他們的光環比離開時明亮多了（這並不太令人驚訝，想想看，我父親拿到一大筆錢，而我媽媽也得到一筆可觀的遺產。順便一提，至於我，等到我二十一歲時，我會有一小筆收入，在我父親過世之後，我會繼承一大筆遺產。但在當時沒有人向我透露這一切）。

今天老媽帶我和米爾德蕾出門買一些現成的黑色服裝，現在我正穿著那些可怕的東西。我們看起來好陰沉，從頭到腳都是黑色的，整個地方看起來充滿了陰鬱的氣氛。

老媽為牧師新居落成買禮物等事情煩悶不已，她抱怨說跟聖誕節那麼接近，讓她感到分身乏術。老媽和老爸在節禮日（Boxing Day）過後不久就要返回倫敦，查看羅伯叔叔的抽屜，並且把他的舊衣服捐給窮人。老媽說那會很累人，老爸必須和那裡的律師混在一塊，因為她說羅伯叔叔要他做他的遺囑執行人。

思想情緒會改變光的狀態。

12月23日

老爸買了一盒昂貴的雪茄，讓我送給派特摩爾先生當做聖誕禮物，也會送一些鮮花給派特摩爾太太。我很開心，因為他們是值得這些禮物的人。

老媽寫信給茱德舅媽，問她能不能在他們（我爸媽）離開時來和我們住幾天。她不想讓我們獨自與傭人在一起，擔心我們可能會嬉鬧過了頭。不過我有一種感覺，舅媽會說不行。

老爸超級體貼的給了我和米爾德蕾每人二十先令，為彼此和傭人買聖誕禮物，也要為威爾科克斯先生買些東西，他會來吃聖誕大餐，就跟去年一樣。這讓我不敢置信得目瞪口呆，因為老爸以前從來沒這麼慷慨過。也許那是因為，我記得有人說過，當家裡有人過世的時候，這麼做可以緩和情緒或什麼的。不管怎樣，這會讓大家開心，我已經幫每個人買好了禮物，雖然我得想破頭才知道該給誰買什麼。但現在這一切都已經處理好了，我希望他們對我所做的選擇感到滿意。

12月28日

聖誕節過去了，我拿到了一些美好的禮物……

當梅子布丁端上桌時，我感到有點兒難過，因為那是喬琪娜最後一次做給我們吃的東西。我記得那天我很幸運，她邀請我進廚房幫忙攪拌——那看起真是好奇怪的一團東西。這讓我想到，我還沒見過喬琪娜的靈魂，她似乎消聲匿跡了，也許她會像奶奶一樣從不現身。

威爾科克斯先生一直非常友好，但在老爸遭遇親人過世的傷痛之後，他似乎沒有像往常那麼愛玩鬧。每當我想起也許他以後再也不會和我一起過聖誕節，我便忍不住感到鬱悶，既然他有了新的教區……

昨天下午我花了很多時間讀狄更斯的小說，如果我有私人護士的話，我希望她不會像莎拉・甘普（中為狄更斯小說中的一個粗野角色）一樣。

12月29日

我的預感是對的，茉德舅媽不能來看顧我們，因為她有訪客要招待或什麼的。結果你猜怎麼著？媽媽穿上衣服，出門去見派特摩爾太太，然後她和派特摩爾先生會來看顧我們。天啊！我太高興了。我們會過得很愉快，我只希望米爾德蕾不要來壞事。我們一定要很小心，否則也許會被她當場抓到（指的是跟靈魂溝通的事情）。

對了，我忘了寫，聖誕夜那天，E. B. 來給予我們特別的聖誕祝福，但是他只待了一下子而已。

12月31日

昨天爸媽離開了，然後派特摩爾夫婦來了，他們睡在臨時布置好的房間裡。很顯然，他們十分樂意前來。

今天出現了一個新的靈魂，幸運的是，米爾德蕾受邀去喝下午茶，這樣派特摩先生就能把對話記下來，事後再向我口述。是爺爺把這個靈魂帶來的，他說：「這個愛爾蘭人有話想對你說，我就把他留在這裡吧！」然後爺爺就離開了。

那個靈魂是有點奇怪又愚蠢的傢伙，說話的方式很古怪，當我複述給派特摩爾夫婦時，我無法模仿他的語氣。

他說：「神愛你們。能跟你們這些可憐的靈魂交談真的太好了，你們仍然被囚禁在肉體中，如籠中鳥一般只能在籠子裡飛來飛去，卻根本逃脫不了。

這個男孩有著如鷹眼般敏銳的通靈眼，而且能看到我，聽到我說的話，能見到他，真的非常棒。

噢，要是地球上那些盲目的人們知道的話，他們會明白我們絞盡腦汁想說、卻怎麼也無法告訴他們的事情。

我們並非只是被埋在老墳中的一箱塵土，而是有如夏日早晨微風中飄蕩的薊花種子冠毛，既快樂又輕盈。然而，我的老父親悲傷又哀慟，令他的靈魂失去了光芒。他雙手合十仰望天空，說道：『我失去了兒子，悲傷將伴著我灰白的頭髮踏入墳墓。』其實我一直站在他身旁告訴他：『我在這裡，我在這裡，不要哀傷。』但他卻像石頭一樣地聽不到，如在刺眼陽光下的貓頭鷹一樣，看不見。

當光明照耀四周，全能上帝的子民卻在黑暗中摸索，擔心自己和所愛之人終將死亡，這確實是件可悲的事情。但是當先知預言大災難日即將到來，當遭受打擊的母親和妻子無法從閒扯嘮叨的神職人員那裡得到安慰時，像你這樣的人會為世界帶來安慰的力量。

真是一群可悲的人，願上帝憐憫他們的無知。他們談論天堂的宏偉瑰麗，實際上卻一點也不知道它的模樣，也無法證明它的存在。

由於他們的無知，要是他們曉得你在和像我這樣的存在交流，並且寫下我所說關於他們錯誤的睿智言論，他們會感到困惑不解。

啊，他們喜歡宣揚對全能上帝的愛和信仰，但依我看，他們是在不朽的靈魂中播下恐懼的種子。因此，請你祈禱上帝和聖徒能在黑暗中照亮他們，開啟他們的眼界，讓他們看到真理的金色光芒。當我還活在人間的時候，他們令我的靈魂充滿了陰鬱和黑暗，無知的我相信他們所說的一切，生活在對地獄的恐懼中。（我推測這個靈魂從前是愛爾蘭新教教徒。）

要知道，即使地獄存在，那也是人類自己創造的，而不是上帝或魔鬼創造的。這是一個充滿喜悅和美好的世界，有你在人間從未體驗過的音樂、花朵、鳥兒和蝴蝶等，它們也永遠不會存在於人間。

然而我要告訴你的是，人間的美只是天堂之美的影子，假如對人間的美視而不見，那麼人會需要更多的教導才能看到天堂的美。

但……上帝原諒我，我沒有必要告訴你們這些。我不是說過，和像你們一樣心中充滿真理的光輝、胸懷人類善良天性的人談話是一件偉大的事情嗎？你們對牧師的話充耳不聞，卻聽從靈魂的聲音……

現在我必須離開了，但如果你們想見我，我會再回來的。願永遠善良的主賜予你們更多的智慧和健康！願上帝保佑你們平安。」

當靈魂離去後，派特摩爾先生開玩笑地說，他肯定擁有瞎扯的天賦，這個愛爾蘭人很喜歡講個不停，但他希望我們能問他一些問題。他想知道那個靈魂的光環看起來怎麼樣，我說很漂亮，有許多粉紅色和藍色，但幾乎看不到黃色……

米爾德蕾喝完下午茶，滿臉通紅的回來了。她長了凍瘡，看起來好嚇人，她說那些凍瘡快把她逼瘋了，於是派特摩爾太太安慰她，說那些凍瘡真是太可怕了。

靈魂之間似乎也有朋友關係，會彼此介紹給不同社群。

1887年

1月17日

星期六老媽回家了，老爸會在這一週回來。

派特摩爾夫婦離開了，當他們離去時我很難過，因為他們在這裡的時候，我的日子過得很愉快。

今天我又開始上課了。派特摩爾先生很喜歡他要我在放假時寫的故事，不過他指點了我一些技巧。

他說，好的作家不會一直用同一個詞表示同一件事情，而會想辦法做些變化，所以我不能只會寫「他說」、「她說」，有時候可以寫成「他回覆」、「她回答」等等。他說這叫做同義詞，然後他教我怎麼拼。

之後他又給了我一整組「說」的同義詞，因為我只想得到「回答」、「回覆」、「表達」等少數詞語。

當他一邊說的時候，我就一邊寫下來，所以現在我知道……

老媽跟平常不一樣，似乎有事情令她煩心。

但我不知道是什麼事，也不敢主動去問她。我只是感覺到，她和老爸為了某件事情起爭執。若是如此的話，我希望做父母的不要那樣，那讓人很不好受，把整個地方的感覺都顛倒過來了。

1月24日

E. B. 的學生在今天早上十一點的時候出現了一下，剛好是我們的點心時間，他跟我們說了一些事情。

他聲稱，有些靈魂在夠接近高層級、可以成為天神或類似於我們所想像的天使的時候，便不想再回到人間。

他說，每個國家都有自己的國神，他們在關照著一些事情，但這種方式對我們來說可能很難理解。他表示，曾經贏得特拉法加戰役並說過「吻我吧，哈迪」（顯然是我自己的闡述）的納爾遜子爵，現在變成了國神，假如我到倫敦去，我就會在特拉法加廣場的納爾遜紀念碑頂端看到他[10]（表達得不太好，納爾遜柱只是一個聚焦的地方）。

他還告訴我們其他事情，他宣稱，有些原本就是天神的神，因為迷戀上軀體（即人類），不希望再當天神，所以選擇變成凡人，這樣才能接近他們所愛的軀體。他表示，有關仙女變成像我們一樣的普通人、和你在童話故事中看到的故事，並非全是無稽之談（而是包含了一定程度的神祕學知識）。

然後他跟我們說了最奇特的事情，他聲稱，很久以前我曾經是一位天神，因為我深愛著E.B.，所以他幫助我成為一個凡人，跟其他人類一樣不斷地出生和死亡。但由於我曾經是一位天神，所以我能看到許多其他人看不到的東西，因為對於曾經身為天神的人來說，要看到靈魂和仙子什麼的容易多了。

之後他便離開了。

「嗯，嗯，」派特摩爾先生低聲說道：「真想不到，這一切太奇怪了。」我回答：「是啊，誰會想到呢？」

長老的學生告知他們，靈魂有不同層級的分別，但也有上下變動的可能。

1月27日

我確信有某件事情在醞釀中。

自從老爸回來之後，他們總是在爭吵，但不會當著我們的面爭執。不過每當我路過圖書室的門前，我都會聽到他們激烈地爭論。當然，我不能鬼鬼祟祟地去偷聽。不管怎樣，我感覺到會有麻煩和發生某種變化，老媽和老爸對事情的看法產生了歧見。

老媽在吃飯的時候很少講話，好像不高興，老爸看起來在生老媽的氣。

米爾德蕾聲稱，她覺得老爸想搬到倫敦去住，但老媽不肯。可是她是怎麼知道的？除非她把耳朵貼在鑰匙孔上偷聽，要是我能知道這種事情，我連自己都會嚇一跳，不過我覺得她或許是對的。

---

❿ 我所認識的兩位先知也證實了有關納爾遜的這一項發現。至於天神（deva）一詞是梵文，在印度神祕學中佔有重要地位，字面意思是「發光者」。關於天神的許多資訊可以在神智學的文獻中找到。有水之神、風之神、雲之神、山之神、樹之神等等，還有與音樂相關的神，和與演奏廳相關的神。在印度神祕學中被稱為乾闥婆的樂神，與啟發作曲家有關。另外還有啟發詩人的神——儘管現今的許多詩歌作品顯然不是受到天神的啟發。同樣的，許多現代音樂也可以這麼說。

我跟她說：「如果妳認為自己知道得很多，那麼，或許妳可以告訴我誰會是最後的贏家嗎？」她回覆：「我怎麼知道？但你們男生通常有自己的辦法。」

我抗議道：「嘿，妳不需要羞辱人。」她表示：「噢，閉嘴。」然後她繼續看書。

1月29日

新的廚師來了，她沒什麼特別的，但看起來相當緊繃，就像之前的葛里芬小姐那樣，不過她的上半部更加凸出。亨利來喝下午茶，他告訴我，教區牧師因為腰痛而臥床休息，但實際上他是得了痔瘡，可是我不能告訴任何人。我不知道痔瘡是什麼，但亨利說那和臀部有關。

我不知道為什麼做牧師的總是會在臀部方面出問題。我記得威爾科克斯先生待在我們家臥床養病時，他的臀部也長了某種東西。

喔，對了，我想起來那叫做癤子，我原本以為牧師比較容易得到一種叫做「女傭膝」的毛病，因為他們需要常常跪下來。

我滿腦子都在擔心我們最後要搬去倫敦，因為，如果我要離開親愛的派特摩爾先生，我不知道自己將來會如何。不過我很高興的是，爺爺出現了，並且要我放心。他先問我們，覺得那個愛爾蘭靈魂怎麼樣？我們回應說，我們很喜歡他，他奇怪的說話方式把我們逗得好樂。然後我問爺爺，他覺得我們會通通搬去倫敦嗎？讚美上帝，他說，這個問題會逐漸平息，不用搬去倫敦（事後證明只對了一半）。

在他離開之前，他告訴我們，有愈來愈多的靈魂知道我能夠看到他們，以及我的老師對通靈術很感興趣。所以，當其中一些靈魂出現時，我們不要感到驚訝。不過他們或許不是很好（高階）的靈魂，所以我們不要太在意他們所說的話。他表示，許多靈魂都很自負，而且……

（寫到這裡時，我看不清楚自己的手稿，因為上面有很多髒汙和墨水漬。不過，我爺爺想傳達的也許是，很多尚未開化的靈魂喜歡「發揮他們的影響力」；經驗告訴我，確實是這樣子。）

小男孩的爺爺透露有些靈魂會想要接近他（通靈者），但其中層級低下、自負者皆有，他希望小男孩要自行判斷。

2月2日

今天早上我在上課的時候，威爾科克斯先生前來和爸媽道別，因為他很快就要到新的教區去了。

不過他沒有到晨間起居室當面向我道別，因為他知道我會感傷，所以只是請老媽轉達，我很感激他的體貼。我真希望他沒有離開我們，我會非常、非常地想念他；但至少他答應和我通信。

艾金森先生是新來的堂區牧師，我猜老媽不久就會和他友好起來，並且邀請他來家裡吃晚餐，不過我還是要對威爾科克斯先生保持我的真誠。

麗茲被開除了，因為老媽確認她是一個壞女孩，做了很可怕的事情，但是她不告訴我麗茲做了什麼壞事。

我問，她是不是殺了人？老媽說她沒有。然後我又問，她是不是偷了東西？老媽回答說不是。當然，米爾德蕾一如往常地假裝知道，只是不說出來而已。

既然沒有人願意告訴我細節，這件事也就不用再提了。但是我為可憐的麗茲感到遺憾，她看起來病懨懨的，她的光環變得好奇怪。老媽的嗓音有點顫抖的說，傭人是她生活中的負擔。

2月9日

最近我感覺好疲倦，混身上下都在痛，所以醫生來看我，他說我要進行一種叫做按摩的療程。

我要躺在床上，一位女士會來從上到下搓揉我的身體，或是某種類似的事情，我希望那不會痛。她叫做球小姐——好奇特的姓氏。我在想她漂不漂亮？

今天下午我要上法洛琳的音樂課。那個靈魂又出現了，他說：「我是這位女士的父親。」但是他口齒不太清晰，把「father」講得聽起來像是當有人弄出粗魯的聲音時你會罵人的話。

他說：「跟那位女士說偶在這底。」

我不知道該怎麼辦，因為我怕她會跟老媽一樣生氣。

可是他一直對我點頭示意，要我說出來。我對他感到很抱歉，因為他似乎很焦急地要我告訴她。

最後，當她穿上外套時我開口了。「法洛琳，妳聽說過通靈眼嗎？」她反問：「通靈眼？沒有，那是什麼？」

我表示：「就是有人能夠看到靈魂。」

她尖叫：「靈魂！唉，你還太小，不該研究這種東西，一點都不值得。」

我回覆：「我不這麼認為，我從很小的時候就能看到靈魂。」

她說：「那麼你的想像力很大。」她有時候用詞很有趣。

我堅定的表示：「好吧，我能問妳一些問題嗎？」

她回應：「如果你想的話。」

我問：「妳的父親是不是臉圓圓的，頭髮像牙刷一樣地豎起來？」

那似乎讓她嚇了一跳，她大聲地說：「對，沒錯，但你是怎麼知道的？」

我回答：「因為他現在就在這個房間裡，他說他是妳的父親。」然後她臉漲紅了，變得很生氣。

她堅稱：「那只是你的想像力，如果我親愛的父親來了，他會現身讓我和我媽媽看到，而不是讓一個陌生人看到。我求你別再提這件事了，這破壞了我對父親的回憶。」

於是我感到不安和挫折，只能說我很抱歉，我無意造成傷害（我後來得出結論，許多靈魂都是糟糕的心理學家。他們不受人體的限制，卻忘記大腦充滿偏見，想法充滿了極難以克服的不理性情緒）。

在小男孩生活的時代，似乎多數人都對死後靈魂的存在，抱持著疑惑、排斥。

2月11日

今天是我第一次讓球小姐幫我按摩，感覺還不錯，她在我全身上下又揉又捏的。她有紅色的頭髮和雀斑，鼻子很大，外貌不是很出眾，個性開朗，很愛聊天，但沒有特定的話題。當她幫我按摩時，我覺得她在幫我灌輸某種東西，因為我可以看到它從她身上流出來⓫。

老爸的心情又變差了，他抱怨著自己的腰痛和嚴重脹氣。說到這裡，他的光環看起來也不太好。

我們新來的女傭叫艾迪絲，昨天才來的，長得很普通。我無意間聽到老媽說，她不會再找一個漂亮女孩來家裡，她們只會惹麻煩或什麼的。就算她們不惹麻煩，她們也會像珍妮一樣跑去嫁人，然後她又要再費一番功夫尋找新的女傭。

阿諾來喝下午茶的時候，我把這件事告訴他。他肯定地說，他老爸喜歡漂亮的女傭，可是女管家查德威克小姐卻說這些女傭很麻煩，因為工人會待在後門追求她們之類的。

⓫ 在瑜伽科學中，這種能量叫做「普拉那」，擁有通靈眼的人可以看到。梅斯麥（Mesmer）認為它是一種流體。我們可以推測，「球小姐」擁有大量的動物磁力，並且能夠將這種磁力轉移給病人。

按摩、肢體接觸等行為是一種無形能量的交流。

2月15日

教區牧師的痔瘡似乎已經痊癒，因為今天他上臺布道了。從教堂回來後，晚餐時，我問老媽「妓女」是什麼，為什麼他們比法利賽人更接近天國？老爸做了個鬼臉說：「那麼，現在妳要怎麼回答這個問題？」

老媽看起來很震驚，一臉尷尬的表情，對我說我絕不可以用（妓女）這個詞，因為它的涵意很不好。但這在我看來很奇怪，因為如果耶穌可以用，那為什麼我不能用？

晚餐之後我去查字典，字典說它是「娼妓」（prostitute）的意思，這令我相當困惑。我必須說，字典有時候真的很令人費解。米爾德蕾也不知道它的意思，但覺得這個字可能跟躺下有關，因為當人們躺下時會俯臥（prostrate）。我很懷疑，我應該去問派特摩爾先生——如果我沒有忘記的話。

2月24日

剛剛有個靈魂來拜訪我們，她叫做莎芙，曾經是一位偉大的詩人，她希望派特摩爾先生把她的詩作寫下來，然後送到雜誌社。

我對她和她的光環沒太多好感，相信她是來佔便宜的。不管怎樣，派特摩爾先生記下來了，因為她說那很重要。

我是靈魂國度裡的靈魂，
這個地方到處閃耀著柔和與明亮的光輝。
我將金色的光芒
傳送到你們陰暗的世界裡。
我傳送真理的金色光芒
將你們的靈魂往上提升。
驅逐孤兒的悲傷，
擦乾寡婦的眼淚。
喔，不要懼怕死亡，

無論你是男人、女人或小孩。
因為死亡只是走向更歡樂生活的一個過程。

在靈魂還沒離開的時候，我瞥見爺爺笑得很開心，彷彿聽了一個笑話似的，不過他並沒有做任何評論。靈魂告訴我們，務必要把詩送到雜誌社。派特摩爾先生回答，他會看看自己能幫上什麼忙。

但是在確定她離開之後，他斷言那首詩不過是一堆垃圾，她是來唬弄我們的。他十分確定，她絕對不可能是年代比耶穌還要久遠的莎芙。

然後我們想起爺爺曾經說過，有時會出現一些不太好的靈魂，我們不用太在意他們的話，所以我想這就是其中一個吧！

她說她會再來，並且給我們更多的詩。如果她真的又出現了，我們決定不要理她，就像我們對那個自稱為牧師的老傢伙一樣。

（關於「莎芙」一事：除了相當少數的例外，失去肉體的靈魂會忘記他們在人間的名字，而這個記憶主要與肉體的大腦有關。因此，任何假扮成已故名人的靈魂，都會被視為虛榮或惡作劇的低階幽靈。）⓬

不時出現層級不高的靈魂前來溝通，他們似乎普遍只在意自我的喜好或欲望。

3月3日

我感覺很糟糕，不知道該怎麼辦才好。今天吃晚餐的時候，老媽嘆口氣說：「這個嘛……你父親已經決定要搬去倫敦住，所以我們很快就要離開這裡了。」

聽到她這麼說，我感覺我的世界完全崩塌了。

我問：「那我和派特摩爾先生怎麼辦？」

⑫ 對於懷疑論者來說，沒有什麼比某些自稱為名人的靈魂和靈魂所傳達的無聊訊息，更能成為令人信服的反證。然而，稍微深思再加上一些神祕學知識，便可以消除這種懷疑——除非這種懷疑已深植於一個人的性格之中。唯物主義者則認為，這些訊息如此瑣碎，必然是靈媒虛構出來的東西，因此世界上並沒有靈魂的存在。

她說：「派特摩爾先生不是世界上唯一的家庭教師，況且，我們也許會找到一間適合你的學校。」

我說：「我不想離開派特摩爾先生。」

她說：「小孩子不能為所欲為，只有父母才知道什麼樣的決定最好。」為什麼老媽總是把我當成小孩子？我一點兒也不小。

當然，米爾德蕾對此有很多話要說，她不想離開學校的朋友們，但她認為住在倫敦會很有趣，那裡有各種戲劇、音樂會、派對等等，這一切對她來說都很好。她不像我，我有一個了解我所見所聞的家庭教師，他不會和別人一樣認為我瘋了。

整個下午我心情都很沉重，好希望E. B. 能來安慰我，但什麼也沒發生。下午茶後我突然看見他，他說：「別沮喪，孩子，你會找到出路的。」後來我覺得好一點了。

3月4日

昨晚爺爺出現在床上一會兒，他教給我一招。

他說我應該請求老媽和老爸讓我成為派特摩爾夫婦的寄宿生，他們那邊的人會想辦法使他們讓我去，就像男孩子去寄宿學校一樣。然後我可以趁放假的時候去倫敦，這樣大家就能夠聚在一起。

我覺得這個主意太棒了。今天晚上老爸回家後，我鼓起勇氣請求他們讓我留在派特摩爾夫婦家。當然，當時我害怕得發抖，因為我不知道他們會怎麼說，也不知道他們會不會生氣。

不過，我總算設法達到目的了。起初老媽繃著臉，說我比較喜歡派特摩爾先生而沒那麼喜歡她。可我說不是那樣，我只是和派特摩爾先生相處得比較好，但和其他人相處也許就不會那麼愉快。

然後老爸說，那個主意很好，但不知道派特摩爾先生想不想讓我當寄宿生。老媽的看法也是一樣，她說對方也許不方便。

老媽老愛講方不方便的問題，她會問每一個人：「你確定這樣方便嗎？」但從不問我們自己人。不過沒關係，我要說的是，我們花了很多時間反覆討論，最後他們說要再仔細想想。

在這期間，我並沒有對派特摩爾先生提起這件事。但不管怎麼說，生活中總會有希望的，今晚我將全心全意地向上帝祈禱，祈求他軟化他們的心。

3月9日

我一直擔心，不知道接下來會發生什麼事。老爸經常因為處理公務而待在曼徹斯特，但或許有什麼事情正在醞釀中，因為今天早上在上課前，老媽和派特摩爾先生在圖書室閉門討論了許久。

當然，我很想知道老媽說了些什麼，但派特摩爾先生說這件事目前還在討論階段，我必須等待和觀察。

我真不懂他們為什麼要這麼神祕？好像我不知道他們是在討論我是否必須去可怕的倫敦似的。

當我們正在上課的時候，我看到一個奇怪的傢伙在附近遊蕩，穿著水手服，但我沒有理他，因為我們正在忙。不過由於他一直等待著，所以到了點心時間，我便告訴派特摩爾先生他在那兒，然後我們問他想做什麼，他說他是不久前溺死的，有人跟他說我們可以幫助他。

於是派特摩爾先生拿出紙和筆，問他想要我們幫什麼忙。他說：「我希望你們送個訊息給我的老母親。」

派特摩爾先生回覆：「但我們恐怕不認識你的母親。」

他說：「沒關係，我會告訴你們她住的地方。」然後他說了，派特摩爾先生記下來，只是現在我忘了在哪裡。

派特摩爾先生說：「好的，如果你把訊息告訴我的話，我看看我能做些什麼。」

水手的靈魂回應：「告訴她別再那麼悲傷了，告訴她那令我非常痛苦，真該死，她沒有必要繼續把我看成深海之下的一具屍體。」

這些可怕的咒罵字眼會令他的母親多麼震驚啊，但他就是那麼說的，我無可奈何，連派特摩爾先生也皺了皺眉頭。

然後他（那個靈魂）說，如果他的母親不再哭泣，他會在那邊和他的朋友們過得很快樂，但是見到她如此悲傷，他的心也很痛之類的話。他嘗試過安慰她，但她聽不到他說話，所以只能放棄這種徒勞無功的事情。

最後他說：「跟老太太說要微笑，告訴她，要是她看得到我，她會知道我生龍活虎，能到處趴趴走。」

派特摩爾先生說他會盡力，由於她住的地方離這裡並沒有很遠，所以今天下午他會去一趟。那個靈魂道謝後便離開了。

靈魂離開後，派特摩爾先生說：「我突然覺得我有很多工作要做，我可能會經歷更多的困難和挑戰。」

可惜的是，我不能跟他一起去。不過，仔細想想，我還是不去的好，去了只會令我侷促不安。可憐的老婆婆。

亡靈的狀態會受到活在世間親人的情緒影響，生者過度哀傷悲慟死去的親人，亡靈也會感受到相對的痛苦，而這也許是感情的牽絆。

3月10日

我和米爾德蕾聊天，我說：「老爸去了倫敦之後，他的生意要怎麼辦？」她向我透露，他會成為所謂的「沉睡合夥人」（幕後合夥人）。那聽起來好滑稽，我懷疑這是她在胡說！叔叔似乎留下了一棟滿是豪華家具的房子，那就是我們要去住的地方……

派特摩爾先生去探視那位老婆婆，然後回來告訴我事情的經過。他說，她是他所遇過觀念最狹隘的老女人，跟一卡車的磚頭說話也不過如此。

因為怕她四處去說，然後無意間傳到老媽的耳朵裡，所以首先他得假裝自己是瓊斯先生，能看到她的兒子——而不是我能看到。我覺得這個方法真高明，儘管它是個小小的謊言。然後他把訊息轉達給她，說她的兒子來看過她，只是她看不到她兒子，但她宣稱那一切都是魔鬼的作為，她的兒子已死，除非復活日來臨，否則是不會復生的。

派特摩爾先生試圖勸解她，但沒有用，她仍堅持說這全然是魔鬼的作為。（最後）派特摩爾先生講了許久之後，她改口了，堅稱她的兒子應該來找她而不是他，就像法洛琳那樣。

所以，在他們兜圈子將近一個小時後，派特摩爾先生不得不放棄地回家了。

他在我們吃點心的時候把這一切告訴我，這時水手出現了，他說他當時就在那裡，明白那是行不通的。他說：「我告訴你們這是怎麼回事。都是那些該死的牧師，往人們的腦袋塞裡了一堆該死的蠢事，對像我媽這樣的可憐老婆婆只會造成傷害。對了，為回報你們的好心，我願意將你們還不知道的事情告訴你們。」

然後他跟我們說，他們那裡有一些曾經是牧師的靈魂，現在為自己當初所說的謊言感到後悔，希望能做什麼來彌補。派特摩爾先生覺得很有趣，謝謝他把這件事情告訴我們，他看起來很開心，之後便離開了。

哎呀！我很好奇教區牧師對此會說些什麼？以及可憐的老媽呢？我相信她會像狄更斯筆下的那個老頭亭甘米鮑伯一樣，整個人燃燒起來。

3月15日

萬歲！萬歲！萬歲！我可以去派特摩爾夫婦家當寄宿生，終於鬆一口氣了。我不太知道怎麼克制自己的情感，所以到時候我不會喜歡跟老爸、老媽說再見的，但是每次放假時我都會回家。這樣的情況不算太壞，總比我必須離開此地去找別的家庭教師、跟派特摩爾先生永遠說再見來得好。

顯然是派特摩爾先生跟老爸說，我進展得相當好，改變現狀會很可惜。昨天他和老爸在圖書室裡閉門長談了好一段時間，派特摩爾先生還給老爸看了我的幾本作業簿。

或許當時的聚會爺爺也在場，因為今天下午他突然出現，顯得非常有自信，他說：「看呀，孩子，你的願望實現了，我們的願望也實現了。永遠沒有人可以讓你離開你的老師。」

嗯……我只能說，我十分欣慰我所掛心的事情終於有了結果，因這件事情一直令我感到心神不寧。

3月16日

我想，對於我要和他們一起生活的事情，派特摩爾先生應該和我一樣開心。我們會和靈魂們一起度過多麼有趣的時光啊！

派特摩爾先生喊道：「這讓我想起來，我真是個愚蠢的白癡！我們應該要問那位水手很多問題的。」他主張，我們應該問他在哪裡溺水的，感覺怎麼樣等等。於是我說：「如果我們努力地想著他，說不定他會回來。」但是無論我們怎麼努力想都沒有用，我很好奇為什麼……

在其他人搬去倫敦的前幾天，我就要先搬到派特摩爾夫婦家。老媽提到在他們開始清理房子之前先把我弄走之類的話，她似乎對這一切還是很沮喪。我猜，她是不想離牧師而去。但如果我是她，我不會太在意這個自以為是、光環不怎麼樣的老牧師，他布道的內容有很多是不實在的。但當然，她也會想念她的朋友。要不是亨利和阿諾還留在我身邊，我自己也會感到遺憾，所以我很同情她。

對於老爸來說，這一切都很好，因為他似乎沒有值得一提的朋友，他喜歡自己一個人。如果你問我，我會說，他喜歡書本勝過任何人，當然，書是可貴的，這一點無庸置疑，但是好人更可貴。

現在我要去上法洛琳的音樂課了，這是我若去倫敦就會錯失的另一個福氣。我喜歡這個音樂課，我現在能夠彈奏幾段巴哈和舒曼的曲子了。我也喜歡法洛琳，儘管我將她亡父顯靈的事情告訴她時她擺出一副被冒犯的樣子。他仍然在上課時出現，不停地煩我，要我告訴她他的存在。可是如果告訴她只會令她生氣的話，那又有什麼好處？我為他感到遺憾，但我認為他只是一個固執的老靈魂。

4月6日

昨天我帶著行李，搭出租馬車抵達這個地方，我其他的東西會隨著搬運車運到倫敦的新房子。在離開老家時我感到有些悲傷，但我試著抬頭挺胸，不洩漏難過的情緒。我不用和老媽說再見，因為她說她很可能在他們出發前來看看我。可是我有種感覺，她可能會改變主意而不來。老爸也說他可能會來看我，然後跟派特摩爾先生聊一聊。我當時就向米爾德蕾德說了再見。離開傭人時我沒有任何遲疑，因為我們還沒有變得很親密。但是對於離開貓和鸚鵡，我覺得非常難過……

我（在這裡）的臥房是個舒適的小房間，裡頭有一些小擺設，後面是一個小花園，從窗戶望出去，可以看到一棵樹和一些花朵。我也喜歡這裡的小餐廳。派特摩爾先生在壁爐上擺了很多小裝飾品，女傭布麗姬特把飾品擦得亮晶晶的，整個用餐空間令人感到神清氣爽。

這裡有黃銅水壺、烤麵包叉、長柄便壺，都擦得亮晶晶的，你甚至可以從上面看到自己的臉。

我很高興地說，他們有一隻可愛的貓，叫做芙拉菲，我馬上就愛上牠了。

布麗姬特很豐滿，她的兩頰像蘋果一樣紅潤，還有一頭烏溜溜的秀髮。派特摩爾太太說她是愛爾蘭人，她說話的口音有點像那天來說了很多話的靈魂。她似乎是個很有趣的人，對派特摩爾先生有些放肆，但他好像一點也不介意，派特摩爾太太也一樣。我知道我在這裡會很開心，我喜歡這間屋子的感覺，十分舒暢。

4月15日

老媽和老爸並沒有來看我和道別，不過我收到老媽寄來的明信片，她說他們已經安全抵達倫敦，並且忙著拆開行李。

米爾德蕾德寫了一封信給我，信中滿是興奮之情，她說那是一棟很氣派的大房子，他們有一個管家，就是原本為叔叔工作的那位。

昨天下午茶過後，爺爺帶了一個靈魂來找我們，他宣稱自己很好心的要告訴我們一些事情，所以派特摩爾先生應該拿出紙筆來記下他所說的話。派特摩爾先生照做了，然後在今天早上口述給我聽，好讓我寫到日記裡。

以下就是他說的內容：

（在日記作者遺孀的同意下，我對科學家以下兩段的冗長發言進行了一些修改、編輯和調整，但並未改變其意思。在原始版本中，這些內容並非像這裡所呈現般的連續出現，而是夾雜了一些干擾和無關緊要的部分，或缺乏連接詞，這些都破壞了語言的流暢度，而且容易使語意變得模糊。——西里爾．史考特）

「我在人間的時候是個科學家，我不會透露我的姓名，因為我希望我的名字愈快被遺忘愈好。原因是，我曾經提出過許多主張，但後來我才知道它們完全是錯誤的。我曾

經主張，身體的瓦解代表著所有意識的結束。（或者如叔本華所說：我們只不過是未來栽培甜瓜的肥料。——西里爾．史考特）

我的某些科學主張是正確的，而錯誤的地方在於我的否定觀點。我還沒有學會防範歸納邏輯的危險。歸納邏輯是一個陷阱——這麼說絕對沒錯——已經讓許多缺乏警覺的科學家陷入困境，因為，漏掉一個事實，便可能動搖整個真理的基礎，更不用說是漏掉一百個事實。

以進化論為例，做為一個事實，進化論是正確的，但它被不正當地利用，變成許多反駁論點的藉口——希望你諒解這個隱喻。因為人們已經了解到，身體結構是漫長的進化過程的結果，許多人草率地做出不可靠的結論，說人死後不復存在，而為了支持這個否定的觀點，他們說所有的鬼魂都是想像出來的，並且因為有些靈媒是騙子，所以所有的通靈現象必然都是騙人的。

然後他們參考《新約聖經》，並且發現其中的敘述並不一致，於是將所有與死後存在有關的陳述視為圍繞著拿撒勒的耶穌成長的傳說，還說那是人死後便永遠滅亡以及進化論——與靈魂不朽的學說對立——的進一步證據。因此，你可以看到歸納邏輯的危險性有多大，它便利地忽略了那些被揭露出來、使整個論點變得毫無效力的事實。

那麼，那些事實是什麼呢？尊貴的先生，『我們』就是那些事實，我們可以說是反駁了以往『所有天鵝都是白色』這個公理的黑天鵝；我們活生生地駁斥了否認靈魂不朽的傲慢觀點；我們死後的存在，否定了對死後生存的否定。但僅僅因為每個男女和孩子都沒有能力感知到我們，便有人主張我們不存在。這種目光短淺的論點係基於對統治宇宙的基本法則的無知，這個法則可以總結為一個詞，即『能量振動』。當人們完全理解這個法則的重要性時——也許要等到下一個世紀——我們的存在至少可以被接受為合理的可能性。

我們靈魂體的能量振動頻率比你們的肉體更高，這就是為什麼你們感知不到我們的原因；當我說『你們』的時候，我指的是沒有『通靈眼』天賦的普通人。換句話說，通靈眼只不過是能夠看到自然界中更高頻率或更細緻的能量振動的能力，但普通人的肉眼是看不到的。

這便是你們凡人科學家無法理解的部分，他們不但不思研究通靈眼的本質，還駁斥它，斷定不值得把他們的聰明才智花在那上頭！

唉，我的同僚啊！當他們在處理自己的研究題材時是多麼的勤勉和力求精確，而在遇到他們研究領域外的現象時，又變得多麼的不科學與草率！親愛的先生，專業化並非真相的朋友，而是敵人。專家所蒐羅的事實也許是真實的，但是他從那些事實中推論出來的結論往往是錯誤的……

現在我要講一些關於太空的事情。

你仰望蒼穹，你認為它是由群星散布的空虛空間所組成的，但這是由於你的五官受到限制而形成的假象。沒有東西是空虛的，東西看起來空虛，只是由於其質地稀有和振動迅速罷了。

尊貴的先生，我為你舉個例子，我在這個房間裡所佔據的空間看起來是空虛的，但對你的小夥伴來說卻不是，因為他具有看到我佔據了這個空間的能力。雖然組成我的物質對你來說太細微，以至於你無法感知到，但對他來說卻未細微到超出他的視覺能力之外。因此你看到的太空看似空虛，實則不然。

一如在機械的領域裡，齒輪裡有別的齒輪，在宇宙間，世界裡也有別的世界，我的主張在你看來應非全然不能理解或不可能被接受。假如我說我能夠佔據某種實質物體或肉體的同一個空間，應該也不是不可理解的。這裡有一張椅子，現在我向前移動一點，我便貫穿到這張椅子裡，因為組成椅子的原子之間的距離大到足以允許我這麼做，這跟你能穿越一片霧是同樣的道理。你們人間的凡人只知道三維空間，但在我們的世界裡，我們所知道的是更多維度，不過在你們的語言裡並沒有適當的詞語可以稱呼它。你們有長度、高度、寬度，但我們還有另一種或許可稱之為『穿越』的維度……你們有任何問題想問我嗎？」

派特摩爾先生說：「是的，我想知道，正在和我們說話的是什麼？是你的靈魂嗎？」

「不，應該說，是我靈魂的外衣之一。之後我會退掉這件外衣，然後到更高階的意識世界去生活，那裡的振動頻率更高，物質也更細緻。

有一點要注意，所有的過程都是走向更幸福生活的一步，你在你們的世界裡，不知道什麼是幸福，你們得到的只是真實幸福的映射……現在我必須跟你們說再見了。相信我的話一定對你們有些用處吧？」

然後他就消失了。

當他離開後，派特摩爾先生說這次的經驗最有趣，他很遺憾派特摩爾太太沒有在這裡，因為她正在參與一種叫做母姊會或什麼的無聊活動。

這位生前是科學家的靈魂，反省了自己因科學所產生的謬見，以致造成許多錯誤的見解。

他現身說法訴說著死後有靈魂是真實存在的事實，且宇宙萬物的基本法則是「能量振動」，宇宙萬物與靈魂體因為能量振動頻率的高低，而有層級的差別，頻率愈高，靈魂層級便愈高……許多既科學又充滿靈性哲理的訊息。

4月23日

這裡的鋼琴相當糟糕，派特摩爾太太說它屬於她的奶奶，但派特摩爾先生說它那麼老舊，想必是跟著諾亞方舟一起過來的。

當我自己一個人練習時，布麗姬特有時候會到房間裡說：「你不想彈點有旋律的輕快曲子嗎？」可憐的布麗姬特，她不喜歡古典音樂。我問她會不會彈鋼琴，她說：「不會，但是我會演奏六角手風琴和口琴。」不過當我要求她拿出口琴來吹奏一些曲子時，她喊道：「你能夠用鋼琴演奏出如此悅耳的聲音，令上帝和所有的天使感到欣喜，我是不會為你這種人演奏的。」布麗姬特真是個古怪的傢伙。派特摩爾先生說這叫做阿諛奉承。

現在我上音樂課的時候必須到法洛琳家，因為派特摩爾先生在星期二和星期五下午要教其他男孩，那會吵到他們。法洛琳和她的老母親住在一間非常小的屋子裡，她的母親聽不見，而且喜歡嘮叨，一刻也無法安靜下來。我覺得她可能患有水腫或麻痺什麼的，但我不能確定。

那位老父親一直在屋子附近徘徊，而且不斷嘗試傳遞信號給我。我真希望我能夠告訴他，在靈魂的世界裡，除了一天到晚黏著法洛琳之外，還有更好的事情可以做。我想我可以請爺爺設法拯救他。

4月27日

今天下午當派特摩爾先生外出教學時，我坐在小花園裡拿著筆和畫冊畫了許多我印象中的小精靈和地精，就跟平常一樣。然後布麗姬特走出來，說道：「好孩子，給我看看你畫了些什麼。」

於是我很有興致地拿給她看。她大為讚嘆，一股腦地說出一堆形容詞，我很驚訝，不知道她是從哪裡找出這麼多的詞彙，我真希望我也會用那麼多的形容詞。當我說「很好」或「漂亮」時，我似乎就卡住了，想不到其他詞語，但布麗姬特可以一口氣講上半小時，就好像坐在旋轉木馬上一樣，停不下來。

派特摩爾先生教學回來後，我把我的畫也拿給他看，他說我很有天分，假如老爸同意的話，我應該去上繪畫課的。嗯……整件事長話短說就是，他說他會寫信給老爸，問問能不能讓住在附近的威爾森小姐教我畫畫，然後我們等著看他怎麼說……

那個自稱為莎芙的蠢靈魂又出現了，不過「一朝被蛇咬，十年怕井繩」，所以我們都不理她，裝作沒看到。我不覺得她的詩有差勁到那麼糟糕，但當然，派特摩爾先生懂得比較多——至少我認為他懂。派特摩爾太太的身體還沒恢復得很好，她長了一些疹子，她覺得是春天到來的關係。

5月3日

老爸回信說我可以找威爾森小姐學繪畫，真是太好了。老媽也附上一封信，說他們在那邊已經安定下來，希望我會讀《聖經》和去教堂做禮拜。我想，可憐的老媽只能在心裡做禮拜了。嗯……我不太希望派特摩爾太太帶我上教堂，教區牧師那兒的音樂比較好聽。我問派特摩爾先生，為什麼那個牧師總把上帝說成 Gad，而不是 God，把「知識」講成像是只有「知」而沒有「識」。派特摩爾先生表示，那是因為那個人很造作。我很納悶，為什麼派特摩爾太太會聽他的話？

有一位叫做史旺的小姐常常來到這裡，派特摩爾先生說，她想讓他看她自己編造的故事，那很打擾他的生活。今天我在走廊看到她了，她的光環裡有一種生靈（也就是說，她被神靈附身了），有點像柏克代爾的鹽小姐那樣，只不過對方不是老人，而是一種巨大的仙子。

派特摩爾先生說，她想改變（改革）這個世界，並且用一些像是以墨水書寫的古老詞句來寫作，有點像《聖經》那樣，但她其實是個糟糕的自我主義者——儘管我必須問他什麼是「自我主義者」。他告訴我那是指很在意自身重要性的人，自命不凡，卻毫無道理可言。

當我提到那個仙子的時候，他變得很興奮，想知道更多事情。但是我無法告訴他，因為以前我從來沒看過有仙子像那樣黏著一個人⓭。

小男孩用「仙子」來稱呼附身於史旺小姐的生靈，似乎並非一般靈魂，而是某種特殊層級的靈體。

5月11日

首先我跟球小姐有約，然後是威爾森小姐，所以今天下午我真的很忙。現在在球小姐來過之後，我的身體總會覺得比較舒服，不過以前那會讓我感到疲憊——儘管在她灌輸我一些東西（能量）之後我會覺得好些。

威爾森小姐長得有點像麻雀，她的鼻子像鳥喙一樣向外突出，一雙黑黑的眼珠子像是老媽短靴上的釦子——當她不想彎腰去扣上時，我就得幫她扣起來。派特摩爾先生說靴釦眼很普遍，但是我從來不知道。

威爾森小姐帶了一本書來，裡頭有多種圖案，我必須照著畫出來。我想從花朵開始，不過我寧可靠著想像力畫畫。

昨天晚上，那個自稱以前從事科學研究的靈魂出現了，對我們說了一番話。我覺得那有點無聊，不想把它寫在日記裡，但派特摩爾先生說那相當有趣，說不定有一天我也會這麼想，我應該把所有事情都記下來並且小心保管好，否則以後會後悔沒這麼做。所以我就把它寫下來了：

「我很榮幸你們思考了上次我對你們說的話，所以我又來了。對我來說，能夠找到這種溝通方式實在是太好了，我因此能夠反駁我在人間時所做的一些謬誤主張。

我在人間的時候提過進化論，雖然你們的科學家在某種程度上提出了一個真理，但他們所理解和闡釋的只是半真理。他們對構造的演化有先入為主的想法，忽略了更重要的生命演化。他們堅稱，構造才是生命或意識的由來，只因為有機組織愈複雜，意識的

⓭低階天神附身於一個資質平庸的人身上，並不是罕見的事件。有時，這種類型的天神渴望透過相當天真的方式來改進人類。因此會發生這樣的事情：有些在文學創作方面明明沒有什麼天賦的人，突然能振筆疾書，以類似《聖經》的語言寫出一些「改進本質」的劇本。雖然這些劇本的意圖在於傳達新的訊息，但實際上除了稍帶新包裝的「心靈上的陳腔濫調」之外，並未傳達出更多內容。

層級就愈高。因此，他們認為人比青蛙具有更多的意識和智慧，是因為人擁有更複雜和精密的有機組織；構造是原因，意識是結果。然而，他們所推斷出來的結論是錯誤的。生命可以完全獨立於構造之外而存在，而後者僅與生命在既定的構造中做特定的呈現有關；換句話說，問題不在於種類，而在於程度。

例如，假如太陽光穿過一塊毛玻璃，其能量振動會受到阻礙，所以顯得暗淡。但假如它穿透的是一塊透明玻璃，它就會呈現出全部的光亮。然而，無論穿透的是什麼類型的玻璃，太陽都是相同的，而玻璃本身或玻璃的顏色並不是創造陽光的因素，因為太陽存在於它的光線可能穿透的任何介質之外。生命也是同樣的道理，生命是永恆且普遍的存在，而構造僅僅只是關注於其特定和獨特程度的呈現。這是你們的科學家總有一天會領悟的事實。

與此同時，他們也是由錯誤的推論所產生的又一個錯誤結果的受害者。他們相信並且堅稱，生命可以脫離意識而存在。例如，他們說，一棵樹有生命，但它沒有意識。我們這邊的人知道這是錯誤的——我們知道，即使是一棵樹，只要它活著，它便具備微弱的意識，所以在某種程度上，它是呈現普遍存在的生命或獲得靈魂的適當媒介。

另外還有一點，你們的科學家只知道進化的其中一套系統，但其實它具有兩個系統。除了物理世界的進化，還有靈魂世界的進化，但大家並不了解後者，更被你們的科學家斥為無稽之談。在這些頑固的紳士之中找一位，請他相信仙子的存在，他會說你在羞辱他的智慧。要是他有我們的通靈眼，他會知道，他所認為的不迷信，只是因為他感官受限所導致的無知。是的，親愛的先生，他會很驚訝地得知，每一種元素都有其歸屬，有火精靈、水精靈、風精靈等等，而後面兩者跟天氣狀況之間有某種程度的關聯。

這還沒結束，他會更驚訝地得知，太陽便是大聖靈的身體，崇敬太陽的古人並非崇拜神話的無知大眾。再者，行星，包括我們的地球，讓行星聖靈這種巨大的存在有了靈魂——若能正確理解這一點，便能對古老而深奧的占星學產生截然不同的觀點。這門科學被你們的學者斥之為一種早已破除的迷信，與邪靈一同被歸類為靠想像力虛構出來的東西。他們看似合理地爭論，遠在數十億里之外的天體不可能影響人類的命運——乍聽之下或許很合理，但那只是因為一些關鍵且細節的事實在爭論中被忽視了。學者們未能了解到的是，影響人類命運的並非星星本身，而是使那些天體具有靈魂的行星聖靈所放射出來的磁力。

然而，你們要注意一點，在不久的將來，占星學和其他深奧的科學將重獲它們應有的地位。現代的啟蒙運動在很大程度上只是現代人對無知的一種掩飾！不過，無知最終會被知識驅逐，最後的結果必然是這樣。

然而，這種偽裝成啟蒙運動的無知，其實是征服物質所伴隨而來的現象之一，自從離開人間之後，我已經得到了一些關於此事的消息。稍微思考一下過去偉大文明的趨勢吧，偉大的古印度文明追求靈魂的征服，其聖賢將形而上學的體系傳承給後世，這些體系至今仍無法被超越。

順帶一提，不久的將來，這些體系將在西方綻放光芒。還有偉大的埃及文明，在它開始沒落之前，它所追求的是征服和理解所謂的『星界』，但這個領域與星星一點關係也沒有，而是一種關於脫離肉體的較低層次。在埃及的神祕學中，入門者被教導如何在身體陷入恍惚狀態時離開肉體，與星界接觸。因此，印度人專精於形而上學和神祕主義，而埃及人專精於所謂的神祕學。

最後講到的是希臘文明。印度與埃及主要關注的是超物質層面，而希臘所關注的是物理層面，我們可以稱之為物質征服，或者應該說是物質征服的開始，它所採取的形式是愛和描繪物質之美。然而，幾個世紀過去了，希臘文明衰落，物質征服呈現出完全不同的面貌，機器時代嶄露頭角。即便時至今日，機器時代也只是剛剛開始，你們之中將有人能目睹令你們祖先難以置信的發明。在我們的世界裡，我們會預先知道某些事情，因為進步的時程表——如果這確實可以被稱為進步的話——從某種程度上來說，就在我們眼前。記住，想法並非起源於物質世界，而是源自於我們所居住的思想世界。

一個想法在實際顯現於你們的世界之前，就已經存在於我們的世界裡，這就是為什麼我們能夠以某種程度的準確性預知你們人間的思維和活動趨勢。我承認，在時間方面我們常常犯錯，但這是因為我不像你們那樣了解時間，因此無法準確估計。此外，由於人類道德落後和人性善變，事情的計畫有時必須做某部分的更改。請記住這一點，當我們的預測沒有實現時，對我們的批評不要過於嚴厲。

我留給你們消化的東西已經夠多了，現在是該說再見的時候。謝謝你們這麼有興致和耐心。」

我想他說的都很明智，但我真希望他能再體諒人一點，要長時間聽這樣的口述真是太辛苦了。況且，在他還沒講完時我早就累了。我比較喜歡其他的靈魂，他們有趣多了。不過派特摩爾先生覺得這件事情相當有趣，所以我還有什麼不滿足的？

6月2日

波頓醫生今天來幫我看診，他假裝剛好路過，順便進來打個招呼，但是當他拿出工具（我不知道它叫做什麼）貼在我胸膛聽聲音時，我猜是老媽暗地裡請他來的……

今天早上我收到了米爾德蕾的辱罵信，裡頭全部都是爆炸性和傷人的話。她抱怨我已經很久很久沒有寫信給她，說我太可惡了。於是我坐下來，拿起紙筆，也回敬她一堆不雅的字眼。

我的做法就是在告訴她，兩個人可以利用這種玩法來打發時間。

有一位叫做米琪的小姐到這裡拜訪，她講話愚昧，但表現得溫柔。我想知道為什麼母雞下蛋之後總會咯咯叫，還有一些女人在發表意見之後總是竊笑？派特摩爾太太說那是因為緊張，但我碰巧聽到派特摩爾先生說這個女人想要被熱烈追求。我不知道那是什麼意思，也不想問，因為我不該聽到這句話。

8月2日

我到這裡已經快一個禮拜了，但都沒有時間寫日記。倫敦這個地方好大，讓我感到不知所措。

我們在貝爾格萊維亞區有一棟豪宅，是連棟式住宅，有一位相稱的管家。我的臥室很接近頂樓，等爬完所有的階梯，我已經上氣不接下氣了。不過那個房間很好，裡頭有一張桌子，我就有地方可以寫東西了。

不知怎麼的，我不喜歡我們現在住的地方帶給我的感覺，但我不知道該怎麼說出它不對勁的地方。這間屋子的感覺也沒有很好，不過我沒有告訴老爸和老媽。我想，老爸自己很喜歡這間屋子，對管家和傭人也感到很滿意。他們總共有四個人，不過我跟他們還沒有像以前我在家裡及糕點店時和珍妮那麼熟。

老媽現在不想讓我在廚房裡晃來晃去、和傭人打成一片，不過我和管家曾在餐具室裡聊過一、兩次。他是位相當親切的老人，雖然有時候會裝腔作勢。他偶爾會偷偷塞一些水果給我，我覺得很好吃。

我們的飲食現在豪華多了，邊櫃上常常擺了些甜點，但除了我之外好像沒有人想吃，而且我只能在星期天吃，所以我想那只是當做裝飾而已。或許那是因為艾格妮絲表姊和她的先生吉米在這裡的關係，有他們陪伴真好，因為他們會帶著我和米爾德蕾四處走走、瞧瞧。

現在我們有自己的馬車了，可以駕車到海德公園去。但是當老媽想用馬車的時候，我們只好搭乘公共馬車，不過我比較喜歡公共馬車，因為這樣一來我們就可以坐在車頂。

昨天我們去看倫敦塔，那個地方的感覺好恐怖，差點讓我想吐，連午餐都吃不下了。

8月7日

今天我們到國家畫廊看畫展，我被深深吸引住了，於是我下定決定，將來要成為一個畫家。

我想在我最喜歡的畫前面坐下來，然後盡情去感覺，但是其他人都想繼續前進，所以我一直沒有機會。我想，要是哪天我能夠獨立了，我會實現自己偉大的夢想（願景），但是我還不能，所以我很氣惱。

我看到納爾遜紀念碑豎立在特拉法加廣場的中央。那個靈魂說對了，那裡有一個巨大的生靈（神靈），他的色彩很好看。我真的好想停下腳步來仔細觀察他，但假如我這麼要求的話，艾格妮絲表姊和吉米表姊夫只會覺得我瘋瘋癲癲的，更別說米爾德蕾了。親戚關係真的可能帶來諸多不便，我無論想做什麼都覺得礙手礙腳的。

今天下午的氣溫高到令人窒息，唯一值得高興的是我們離開後去吃了冰。我好想搭乘豪華馬車，但它只能容納兩個人，而我們有四個人。倫敦真的有馬糞的味道，有時幾乎讓人窒息。有些男孩在馬和馬車之間奔跑，把馬糞掃到畚箕或某種容器裡——管它叫什麼，我很擔心他們可能會被車撞到。

我的妹妹已經長得圓滾滾的，看起來「比櫻桃還要紅潤」。關於一直出生（轉世），我唯一不太喜歡的事，就是我必須重新經歷一次人生，我已經受夠了當小男孩，想到我也當過只會流口水、亂抓亂動和尿褲子的嬰幼兒時，真是羞死人了。

艾格妮絲表姊和她的新郎仍然看起來如膠似漆，即便他們已經結婚了，我覺他們真是天選之人。（我當時的意思是「天作之合」吧？）

8月14日

艾格妮絲表姊和他的老公昨天去聖保羅座教堂做禮拜，也帶我和米爾德蕾一起去。我應該會喜歡那種富麗堂皇的地方的，只是那裡的音樂太混亂，吉米表姊夫說，因為一切都被回聲破壞了，真的很可惜。

老媽一如往常和新的神職人員成為朋友了，昨天他們有些人還來到我們家的大房子裡吃晚餐。

老爸和老媽覺得他們的大房子像是新玩具一般，所以決定不外出度假，而是邀請了一些人來做客。

教區牧師和他的夫人在旅途中會到我們家待幾天，然後前往伊斯特本度假。但我們見不到他們，因為米爾德蕾和我要去布萊頓拜訪卡洛琳阿姨和阿弗雷德姨丈，並且在那裡度過兩個星期的時間。

我上次看到他們是很久以前的事情，我很好奇他們現在變成什麼樣子了。嗯……不管怎樣，我應該都會喜歡待在那裡的海邊，他們告訴我，布萊頓是個很熱鬧的地方，有「潘趣與朱迪」木偶戲等等。

今天早上我們在羅登道上散步，看到許多人精心打扮，穿著入時。在倫敦，我必須穿上伊頓套裝才能與其他人相稱，但是現在的天氣這麼炎熱，我覺得這種打扮真讓人受不了。

事實上，詹姆斯（管家）告訴我，所有的富豪這時節都出城了，因為這一季會在七月結束。我相信他認為老爸和老媽的行為不妥，因為他們留了下來——儘管他沒有用太多話表達出來。

老爸的肚子漸漸隆起，即使他宣稱自己有做足夠的運動，每天都到公園裡散步，老媽似乎也發福了些，我想她是太常坐馬車了，誰曉得。我收到派特摩爾先生的來信，信的內容很愉快，他說他們在康乃爾聞著罌粟的味道，讓他們好想睡覺。派特摩爾太太近來患了一種無法入眠的疾病，那一定令人很疲勞。

8月18日

那對愛侶——老爸是這麼叫他們的——離開了，我在道別時很努力不讓自己哭出來。我自己出門散步，不過大人不讓我走太遠，也不能去感覺事物（從心靈上感知到東西）。我喜歡觀察人們的光環，看看我能看到些什麼。有些普通百姓會有美麗的光環，而有些打扮得光鮮亮麗的人，他們的光環卻很可怕。大部分的男人在中央會有許多濁濁的紅色圓環，有些女人也會，但我不明白那代表著什麼。

今天，當我在廣場經過兩位女士身旁時，我聽到其中一位說：「我猜妳已經注意到克拉拉的狀況很有趣。」在午餐時間，我便問老媽那是什麼意思。她的表情有點古怪，漲紅了臉，似乎不知道該說什麼才好，於是告訴我不要問那麼多問題。那不太公平，因為我才問了一個問題。

詹姆斯咬了一下嘴唇，然後突然離開房間——我不是指他去了廁所，我是指他急忙離開了。我覺得困擾的是，你不能只說離開房間卻沒有要做其他事的意思。

當他走後，老媽很生氣地說：「當詹姆斯在場的時候，我希望你不要問問題。」我回應：「這個嘛……他現在不在房間裡了，所以我想妳或許可以回答我。」她說：「等你長大你就懂了。」然後逕自忽略我的疑問。同樣的老藉口！不過我可以猜到它的意思。

自從我們搬來倫敦之後，老媽打扮得時髦多了，時尚真是奇怪的東西。為什麼女士們必須穿一種叫做裙撐的東西來突顯她們的臀部？老媽說，當我們從阿弗雷德姨丈那兒回來之後，教區牧師同意讓亨利來和我住一個禮拜左右。那一定很好玩，我們到時可以一起四處逛逛。

昨天晚上當我在洗澡的時候，爺爺出現了一會兒，他問我喜不喜歡新家。我回答說它又大又漂亮，但是它給我一種陰沉的感覺，彷彿那裡曾住著憂鬱的人。然後他表示，叔叔一直是孤單、不快樂的人，那就是原因。

但我說：「我不明白他怎麼可能那麼孤單，因為他的許多朋友都來拜訪老媽，至少她是這麼說的。」他回覆：「孩子，是認識的人，而不是朋友。一個人也許有許多認識的人，但沒有人可以讓他叫做朋友。他在人間的日子裡只愛過一個靈魂，但是她死了。把所有的蛋通通放在一個籃子裡，絕不是明智之舉。」然後他說，等我回到家庭教師那裡時，他會來告訴我們一些關於愛的事情。

我問他，叔叔現在快不快樂，他說他快樂，因為現在他和他所鍾愛的靈魂在一起了。我說：「他還沒來看過我。」爺爺說：「喔，他想忘掉關於他人間的一切。」我表示：「如果他沒有任何朋友，我很好奇，既然沒有花錢的對象，為什麼他想賺那麼多錢？」但爺爺告訴我，他賺錢是為了努力忘掉他的憂傷，不過有些人賺錢只是為了好玩。

小男孩的爺爺指出，房子給予小男孩陰沉的感覺，是因為叔叔的緣故。由此或可推測，往生者生前的情緒意念等，會影響其在世時所待過的地方。

8月24日

我們在星期五抵達這裡，出發時老媽到維多利亞車站目送我們離開，並叮嚀我們要玩得開心，儘量不要給卡洛琳阿姨惹麻煩。她給了我五先令花用，可以去碼頭玩、看跳蚤表演、黑人表演和「潘趣與朱迪」木偶戲等等，她也給了米爾德蕾五先令，但是她說我們不可以用來買一堆糖果。

我非常享受這趟旅程，除了那些長長的隧道，它們發出可怕的噪音和臭味。卡洛琳阿姨在月臺上等我們，她已經僱了一輛馬車要帶我們到目的地（即使在維多利亞時代，馬車通常也不會駛進月臺，但這只是細節）。

我很喜歡卡洛琳阿姨和阿弗雷德姨丈，他們很熱情地歡迎我們。他們的房子就在海濱大道上，我的小臥房可以俯瞰大海，這對我來說很便利，因為我可以看到來來往往的人們，觀賞船隻等所有景色。自從上次見到阿弗雷德姨丈之後，他又變得更壯碩了，他的臉上紅紅的，有斑點，不過他的脾氣似乎很好，笑起來或者擤鼻子時都會發出很大的聲音。他抽的雪茄很大支，在抽的時候味道很好，但抽完之後的味道就很難聞。

阿姨說只要能準時回去吃飯，我們愛怎麼玩就怎麼玩，但米爾德蕾和我通常都是自己玩自己的。她喜歡到鎮上逛服飾店，我喜歡在海濱步道上看黑人表演、木偶戲和腹語表演，但我最喜歡的還是聆聽樂隊演奏或觀賞漲潮時海浪翻湧的景象。

馬糞堆被清理完之後，倫敦的空氣是多麼清新宜人啊！我愛布萊頓，這是個熱鬧繁華的地方，有長長的海濱步道和大飯店，但願它們看起來像哈勒赫堡或約克的古老建築物一樣古老。除非下雨，否則我不會花太多時間寫日記，因為我根本抽不出時間來。

9月16日

我一直沒時間寫日記，我有太多理由了。

當亨利來倫敦找我的時候，我們忙著吃喝玩樂，開心極了。我們去了水晶宮、蠟像館、皇家植物園、動物園等許多地方，亨利玩得不亦樂乎。因為他是教區牧師的兒子，所以老媽對他格外照顧，希望他盡可能多看、多玩，所以每天早上我們都安排了不同的活動。

老媽給我一些錢，供我們吃喝玩樂，並且吩咐：「不管你們做什麼，都不要讓他自己付錢。」事實上，恐怕是可憐的亨利自己付不起那些錢，他老爸並沒有給他多少零用錢，因為牧師本人也不算很富有。在亨利的新家，他妹妹波莉與日托員葛拉蒂絲共用一間臥室，有時候亨利會趁葛拉蒂絲上床睡覺後教他妹妹打嗝。她已經跟葛拉蒂絲學會發出嬰兒的聲音，但那種聲音仍然很像已逝的喬琪娜——自從她離開人世前往靈魂世界之後，我一次也沒看見過她。

我和亨利做伴離開，令我十分開心，這讓我和老媽告別時不會那麼難過。派特摩爾夫婦到車站接我，熱情地歡迎我回去。能再見到他們真是太好了，而且他們的小屋子比我們在貝爾格萊維亞那棟充滿陰鬱氣氛的豪宅感覺好太多了。

當我們到家的時候，布麗姬特給我一個好響的吻，又在我身上用了一堆妙語如珠的詞彙，我還以為她停不下來了呢！不過她的話真是暖到我心裡去了。她專門為我做了一個別致的蛋糕，讓我很感動。

派特摩爾夫婦看起來身體康泰，也曬黑了點，而且派特摩爾太太不再受失眠症之苦。我們今天就開始上課，我發現速記是一個需要費點心力學習的東西。下週開始我要上球小姐、威爾森小姐和法洛琳小姐的課，所以我會有很多功課要做，但我不介意。

9月19日

昨天爺爺來和我們說關於愛的事情。他表示，在靈魂世界裡，愛才是最重要的，那裡的顯赫人物並非曾經的男公爵、女公爵、男爵士或女爵士，而是散發著最多愛的光芒的人。

他說，我們應該嘗試去愛每個人和感受每個人的愛——無論對方多麼卑賤或邪惡。然後我們在人間時會更快樂，等我們到了靈魂世界裡也會很快樂。他說，（人間的）許多人在表達出愛意時都感到難為情，或是會壓抑心裡的愛意，彷彿表達愛意是不對的事情、他們不該那麼做，但其實愛是世界上最美麗的東西。他說，是愛讓世界凝聚在一起，如果上帝沒有愛，世界就會四分五裂。

他跟我們說，當我們遇到不喜歡的人的時候，我們應該在心裡反覆告訴自己，要心平氣和，然後我們對他們的感覺便會變得截然不同。

他說，他很遺憾自己在人間時沒有再多愛一些人，以前他覺得，一個人不可能交太多朋友，也不可能喜歡太多人。

爺爺說，現在他認為那都是胡扯，一個人不喜歡很多人，那是因為他心裡沒有很多愛，而且他無法看到別人的好。他說，人會這樣子往往是愚蠢的驕傲造成的，那些人都應該學習更謙虛，對別人更親切。

爺爺說得真好啊……

芙拉菲在廚房的碗櫃裡生了幾隻小貓，布麗姬特必須把其中三隻溺死在水桶裡，她一點也不想這麼做，我很慶幸自己不用做那種事情。我們留了一隻下來，他們要想辦法為另一隻小貓找到新家。布麗姬特滔滔不絕地談著那些小貓，直到派特摩爾先生不得不把她趕出房間。

小男孩的爺爺告知他愛對靈魂世界的重要，他所提到的觀念與方法，對世間活著的人也是一個很好且具體的指導。

日期不詳

我想把我心裡那些有山、有仙子的美麗景象畫出來，但是當顏料塗到畫紙上的時候它就糊成一坨，根本無法挽救，於是我失去耐性地碎唸：「這該死的東西！」然後把它撕碎，改用碳筆畫。我問威爾森小姐，今天我是不是可以開始用顏料畫畫了，她說首先我必須學習正確地勾勒出輪廓。之後我上法洛琳的音樂課，她的老爸仍然在附近徘徊。法洛琳和她的老媽前一陣子去德國度假，希望有一天我也能去德國，因為她說德國比英國漂亮多了，沒有霧氣，也不會下那麼多雨。

布麗姬特是天主教徒，每個星期天都去做彌撒，所以我問派特摩爾太太我能不能跟她一起去，我只是想見識一下那種場面。派特摩爾太太說，她覺得老媽會很震驚，不過可以讓我去一次就好，所以昨天我就跟著布麗姬特輕快的腳步一起去了。

嗯……我對於自己看到的感到超級驚訝，儘管我難以理解那個男人所說的任何一個字，因為除了布道的時候，他講的幾乎都是拉丁文。這裡的儀式比我們的教堂還多，我們的教堂幾乎沒有儀式。在進行某一種儀式的時候，我透過通靈眼看到一座巨大的教堂豎立起來，接著一個燦爛耀眼的生靈如天使般降臨，佔據了整個場地，我感到平靜而愉快，彷彿置身天堂。

我希望我能常去做彌撒，而不是去我們的教堂做禮拜，但當然我不行，否則又要發生爭吵了。不過，奇妙的是，我發現布麗姬特相信有小仙子的存在。她說在愛爾蘭有種叫做「小精靈」的小小人，如果有人得罪他們，他們會用各種惡作劇進行報復。

這是小男孩首次參加天主教彌撒，也看見了不同的靈界異象。

9月24日

今天我的心情有點鬱悶，我有一種感覺，我永遠不能像別的男孩那樣做事情，例如玩遊戲、爬山和走很遠的路散步，因為我多愁善感，即使等我長大之後也不會變得堅強。這真是太令人難過了，但我想我只能儘量忍受著……

當我寫到這裡時，我突然看到E. B.，他說：「別難過，孩子，不久之後你將因為自己與眾不同而感到歡欣（這個預言最後成真了）。現在我無法陪伴你，不過星期天晚上我會來找你和你的家庭教師。」他給了我一個微笑後便離開了，現在我覺得好多了。

我一直很渴望再見到E. B.，自從上次到現在已經相隔很久了。昨晚我躺在床上想事情的時候，我看見一個帶著美麗光環的靈魂出現了，不過他的長相有點古怪，像是中國娃娃，但又好看多了。

他站在床腳，笑得好燦爛，但一句話也不說。我很好奇他是誰？他想做什麼？我覺得他會再回來。

芙拉菲的心思似乎都放在牠的小貓身上，牠花了很多時間幫牠們「洗澡」，如果女人要像那樣在嬰兒的全身上下舔來舔去，那該有多可怕呀！

韋伯斯特太太今天下午來拜訪派特摩爾夫婦，喝下午茶，她的光環是灰色的（憂鬱的跡象）。那時我產生了（心靈）感應，感受到她情緒低落，因為她的丈夫並不是真的愛她，她以為他迷戀上了別的女人，對方甚至可能不是一個淑女。

在她離開後，我對派特摩爾夫婦說了我的想法，他們相當驚訝，對彼此做了個鬼臉，然後派特摩爾先生半開玩笑地說：「你太敏銳了，孩子，沒有事情能夠瞞得住你。」所以我知道我是對的。但當然我不會對其他人說那種話。

敏感的小男孩透過他人的光環與心靈感應感知到情緒波動與擔憂。

9月26日

昨天E. B.來找我們，後來當我上床之後，那個長相奇怪（西藏人的五官）的靈魂也來了。以下是派特摩爾先生寫下來的內容。

（E. B.）「晚安，孩子們。今天我來找你們，是因為我有幾件事情要對你們說。在靈魂知識之路上不斷前進的每個靈魂，都有兩位老師。

你，年輕的孩子，已經見過了你的另一位老師，即便他還沒有和你說過話，但他會很樂意這麼做的。他佔據著一位西藏男孩的身體，你可以叫他「喇嘛」，我們在這裡不用提到他真正的名字。

也許你會納悶，為什麼朝光明努力前進的每個學生都需要有兩位老師呢？現在就算跟你們解釋了，你們也不會明白，所以目前我們只能說事情本來就是這樣，你們只要接受就好了，等到我們要傳授更先進知識的那一天，便會把真正的原因告訴你們。

愛我們兩者，孩子們，不是因為我們本身需要愛，而是因為愛是一種可用於善行的力量。

愛也是一座跨越到看不見的世界的橋梁，乘著愛的翅膀，你的心靈可以在迷惑時飛向我們，得到它想要的答案……

親愛的孩子，你曾疑惑，為什麼我那麼久都沒出現在你面前。但請了解，我們也受自然法則所約束，不是你想要我們出現的時候便出現。然而，對於那些懂得聆聽的人，我們的聲音是可以被聽見的。所以，當你被某個問題困擾的時候，請用愛堅定地想著我們，並且平息你心中的波瀾，用心聆聽，你會得到答案的。但請不要問那些出於好奇的無謂問題，因為我們不會回應——而且這些問題是否能夠傳達給我們，實在令人懷疑……現在，我的兄弟要和你交談了，再會。」

（喇嘛）「晚安，兄弟們，你們的肉體不認識我，但我們的靈魂已經相識了。今天，我很高興且榮幸地要來喚起你們對於三大真理的記憶——它沒有被帶到你們這一世的記憶裡。

如果我說得很簡潔，請諒解，我對你們母語的運用不如我的兄弟那麼流利。或許在不久的將來，我們將能透過思想交流，讓我的傳話者用他自己的說法來表達，但這個時刻尚未到來。兄弟們，要知道：

『生命』只有一個，是透過各種形式來呈現。

『自我』只有一個，是透過眾我來呈現。

『愛』只有一個，是透過諸愛來呈現。

自我與生命是一體的，自我與愛是一體的，因此這三者是一體的。誰能實踐自己與生命、自我和愛的合而為一，便能獲得福祉，因為純粹的生命就是福祉，純粹的自我就是福祉，純粹的（無條件的）愛就是福祉。陽光透過緋紅色玻璃照射出來，它就是緋紅色的，而透過翠綠色玻璃照射出來，它就是翠綠色的。但實際上太陽只有一個，既不是緋紅色，也不是翠綠色。

在談到自我時也是同樣的道理，大自我穿透無數個個體的自我照射出來，而個體的自我就像前述的有色窗戶，大自我的陽光穿透這些窗戶照射出來。

我所闡述的都是偉大而簡單的道理，同時也是不朽的奧義，你們要細細思量。我懇請你們之中的年長者向年幼者解釋這些道理，因為他在此世的初期就已經理解了。願你們平安。我要離開了，但我會回來的。」

在喇嘛離開之後，派特摩爾先生抓了抓頭，然後說道：「我要稍微想一想。」不過今天他就能解釋給我聽，我想我大概懂了一點點。

小男孩的第二位靈魂老師是剛剛謀面的西藏喇嘛，他提到的生命、自我、愛為一體的訊息，非常值得深思。

9月30日

喇嘛昨天又來了。

他問我們有沒有思考過他說的話，我們回答說有。

然後他說：「我的兄弟，要了解到，大自我存在於所有的生靈中，然後你們才能去愛所有的生靈。

你們的《聖經》裡寫著『愛你的鄰人猶如愛你自己』，然後你們認為它的意思是『愛你的鄰居跟愛你一樣多』。但那是錯誤的，因為它的意思是，你應該愛你的鄰居跟愛你自己一樣，因為，要知道，『自我』只有一個，所以他和你本來就是一體的。誠然，海面上有許多海浪，但那些海浪與海本是一體，且自海裡形成，它們的不同之處並不在於種類，而僅在於名稱和形式。唯有當人類領悟到這一點的時候，一切的敵意與憎恨才會停息。

造成世上紛爭的是人類對事實所產生的錯覺，而非事實本身。衝突的源頭是各式各樣的錯覺，不幸的源頭是不去尋求存在於人們內心的東西。每一個靈魂，無論明智與否，都在努力尋求自我的福祉，聖賢透過智慧與至善去尋求，而罪人透過愚行和罪惡去尋求；他們的欲望是一樣的，但方法卻截然不同。

兄弟們，勿責怪於罪人，而要憐憫他們，因為他們的罪不過就是無知，他們之後會得到報應，只是遲早的問題。

這就是我們東方人所說的因果報應，不過你們西方人的宗教教義已經摒棄了這個真理，認為一個人可以透過懺悔來逃避他為惡的後果。

不過，因果報應是一種良性法則，因為假如一個人以錯誤的方法追尋自我，卻可以逃過因果報應，那他怎麼有機會以正確的方式追尋自我呢？人們走過錯誤的道路，一路摸索，最終才能找到真理——能讓一個人獲得自由的自我的真理。願你們平安。」

我問派特摩爾先生，為什麼我們第二個老師會以美洲駝來命名？（㊥喇嘛英文為 lama，作者誤以為是 llama ——美洲駝）

但他說不是，美洲駝的單字裡有兩個L，但是當只有一個L的時候，它指的是一種修道士。

派特摩爾先生說，他很羨慕我能夠看到這麼高階的靈魂，希望他也能這麼幸運地看到和聽到他們。

可憐的派特摩爾先生——半盲的感覺一定很惱人……

布麗姬特患了嚴重的感冒，屋子裡到處都聽得到她打噴嚏的聲音。下一個說不定就輪到我了。

10月11日

星期天我們去海洛嘉特探望派特摩爾先生的一位朋友，凱利先生，然後和他一起吃午餐。派特摩爾先生想去找一位他聽說過的算命師（懂通靈術的靈媒），並且帶我一起去，看看我能看到些什麼。

所以午餐過後我們一路散步過去，非常有意思。

那位看來保守的女士是個親切的老婦人，她的光環很漂亮。她跟我說，有一股很大的力量圍繞著我，她很少遇見像我們這麼有靈性的人，光環又這麼漂亮。她想知道該由誰先開始，派特摩爾先生說從我開始。於是她看著一顆玻璃球（水晶球），開始描述我的未來。

她說，我會成為一個偉大的畫家，遠度重洋，很年輕就結婚了，而且非常幸福。不過，她說我要注意我的健康狀況，因為我並不是身強體壯的人。她還說我的靈性很強大，隨著年紀增長會看到愈多東西，而且（也）會擁有癒療的能力，把手放到人們身上便能治病，所以我會做很多好事。

她還講了很多其他事情，我必須說，我很懷疑她在搞什麼。她說我會很有錢，我會用畫賺進大筆的財富（完全錯了！我這一生中從未賣出過一幅畫。至於我的第一段婚姻

——她沒預見我的第二次婚姻——根本不是天作之合。總括說來，我覺得她的預測一半是靠通靈術，一半是靠猜測，就跟許多職業算命師一樣）。

等她說完之後，她問我們想不想讓她的導師來和我們講話，派特摩爾先生說我們想。當她在說話的時候，我看到一個外表看起來很奇怪的靈魂在一旁徘徊，穿著像我圖畫書裡的印地安紅人，但我不知道他想做什麼。當我們說我們願意和她的導師說話時，她把窗簾放下來，讓室內變得暗暗的，然後她便坐下，閉上眼睛。接著她開始用怪異的方式扭動身體，那讓我感覺很不舒服，我還以為她是癲癇發作了。

突然間，那個靈魂進入她體內，開始講很奇怪的話（很破的英文），我幾乎聽不懂他在說什麼。他講話的樣子有點像小孩子，讓我很想笑出來，所以記不得他說了些什麼，而派特摩爾先生在黑暗中看不清楚，也無法寫下來。不過他好像說了很多奉承（恭維）的話，說我們很了不起，因為我們相信通靈術等等。他還說，睡著了和死亡是差不多的，可以說，每天晚上當我們睡著時，我們就死了，因為我們離開了自己的身體。唯一不同之處是我們會在早上回到身體裡，而當我們真正死掉的時候，就不會再回到身體裡。他說的大概就是這些。

當他該離去的時間到了，他說：「現在我必須離開了，很高興能和你們說話，我希望你們會再來。」然後我看到他從那位女士的身體裡跑出來，接著有另一個靈魂想進入她的身體（取得控制權），但似乎做得不對，只能在她身邊打轉，想讓她和派特摩爾先生說話。

那個靈魂說他是吉米叔叔，這令派特摩爾先生嚇了一跳，然後我聽他說了許多事情，然而，當那個老婦人轉達那個靈魂的話時，跟他說的又不一樣，聽起來好蠢，不知怎麼的她完全搞混了，我不明白為什麼會這樣⑭。

這種情況持續了一陣子之後，他說他必須告別，因為他的力量還是什麼的快用完了，於是他離開了，不久之後她便睜開眼睛。

可憐的派特摩爾先生沒聽到多少關於他未來的事情，因為那時她說她太疲倦了，無法再進行下去，希望他改天再來。事情就這樣結束了。然後派特摩爾先生付錢感謝她的服務，我們就離開了。

在搭火車回家之前，我們正好有一點時間去探望茱德舅媽，所以我們給了她一個驚喜，她一如往常地親切，在喝茶的時候也與派特摩爾先生相談甚歡。當然，我們沒有告訴她我們來做什麼，只說我們今天拜訪了凱利先生。

我們坐在火車的包廂裡，我告訴派特摩爾先生我所看到的，還說他的叔叔是個禿頭，臉的兩側有鬢角。他說十分正確，不過吉米叔叔自從變成靈魂之後似乎就少了腦子。我跟他說那是那位女士的問題，因為她把他說的話都表達得亂七八糟。我問派特摩爾先生，為什麼她說自己是法國人，但實際上她不是？他回答道，那只是人們會有的小習慣，儘管他認為那非常愚蠢。

我們回到家的時候天已經黑了，派特摩爾太太迫不及待地想聽聽今天所發生的事。

算命的老婦人也是一位看得見人體能量光環的人，但無法看見靈魂體，只能藉由附體來傳遞靈體的訊息，而她附體所傳達的訊息似乎並不正確，也不可信。從小男孩的未來證實，算命老婦人的預言大多是猜測的，所以並不準確，而這也顯示面對許多宣稱有通靈能力或算命者所說的話，有必要多方審慎判斷。

⓮這個事件證明了，相較於陷入催眠狀態的靈媒，具有通靈眼的真正通靈者有多麼優越；當然，除非陷入催眠狀態的靈媒也具有卓越的能力。我們必須記住的是，一個在精巧的星體體內運作的存在體，試圖使用靈媒的大腦來表達自己，但由於她的大腦對這個目的來說，可能是一個非常不適合的工具，這往往就像是一位偉大的鋼琴家想用一臺非常糟糕的鋼琴來演奏優美的音樂；問題不在於音樂家，而在於樂器。不明白這一點的人，當他們想透過一位陷入催眠狀態的靈媒，來與他們逝去的親人或朋友取得聯繫時，往往會對得到的結果感到失望。

10月20日

今天爺爺來了，他跟我們說，他很快就要到更高階的世界去（進入更高的層次），他不再能輕易出現和我們說話了。或許我還能再見到他，但他不確定。嗯……我希望我可以。假如我再也看不到親愛的爺爺，那會是多麼令我難過的事情啊！

亡者的靈魂會在適當的時機進入到更高階層次，到時候將不再輕易出現與通靈者溝通。

讀者可以看到，日記寫到這裡就突然結束了。那是因為，幾年之後作者把包含後半部的日記本在帶到義大利湖畔的途中——和第一任妻子去遊山玩水——不幸把日記遺忘在火車上，由於當時的義大利人民並不具備誠實的名聲，因此他未能成功地找回日記，而遺失的可能原因是，日記與其他物品混雜地放在一個行李箱裡。

我從他的遺霜——也就是第二任妻子——那裡了解到，遺失的日記部分涵蓋了他直到二十歲的時候。在此之後，他寫日記的習慣已經變得很零散，幾乎算不上是寫日記了。他似乎只在隨手拿到的各種筆記本裡寫下一些想法和印象，而筆記本的外觀又不顯眼，以至於在搬家的過程中被當成廢紙丟棄。要是當時他已經和第二任妻子結婚，無疑的就能避免這場災難，但由於他的第一任妻子對他的通靈天賦和他對神祕學的全心投入極為反感，所以也許她很高興有這麼方便又不引人注目的機會丟掉他記錄事情的紙張。

然而，必須承認的是，作者本身對寫日記的散漫習慣和對日常瑣事的漫不經心，也是造成這個結果的部分原因。因為，如同 X 太太（作者的第一任妻子）告知我的，與其花力氣將已經堆積得多到令人煩心的紙頭整理好，作者一副滿不在乎的模樣，寧可要她一把火燒了全部的手稿，讓他不受打擾地繼續做他當時正在專注的事情。

這讓我想起，在他離開了對他照顧有加的啟蒙恩師派特摩爾先生之後，他寫下了自己的簡要生平概述（我從他遺孀的口中得知的）。

順帶一提，派特特摩爾先生活到高壽，後來在座椅上打盹時安詳離世，他親切謙和的妻子只比他早幾個月過世。

作者在十八歲的時候被父母送到德國，寄宿在威斯巴登一戶人家家裡。他此行有三個目的，第一是他要精通德文，第二是他要接受德國醫師的治療，第三是出於他自己的要求，他想在「音樂之鄉」繼續學習音樂。

在氣候宜人的威斯巴登待了幾年之後——偶爾會回到倫敦——他發現，雖然自己極度鍾愛音樂，但似乎在繪畫上具有更多的才華，因此他決定前往巴黎學習藝術。儘管他嚴肅的母親基於巴黎是個「輕浮且墮落的城市」，及其居民常常褻瀆安息日等種種不虔誠行為而提出反對，但她的抗議無法影響兒子的決定。因為作者不僅已經成年，而且還繼承了一筆可觀的遺產，可以說，這筆錢足以讓他保證自己的安全。況且，他的父親支持他的計畫，因為如此一來，他的兒子又多學會了一種精緻文化的語言。

就在巴黎寄宿學校裡，他遇見一位美麗的美國女孩，她後來成了他的第一任妻子。當時她在巴黎跟著一位著名的聲樂教師學習，在其指導下努力培養並不出色的歌喉，成績始終不理想。在注定時常相遇的環境中，兩個年輕人的心燃起了浪漫情懷，綿密地交織在一起。大約十八個月之後，他們在倫敦舉行了隆重婚禮，場面盛大。他們在萊茵河度過蜜月之後，便在倫敦定居下來。

但不幸的是，幾個月之後，新婚浪漫的幸福開始明顯地褪色，他們雙方很快地了解到，彼此並非嫁娶了一個互補的伴侶，而是找到一個與自己截然不同的對象，擺在眼前的是突兀的對比，並沒有任何幸福。

年輕的 X 太太對於爬到社會頂層展現出渴望和意圖，而她的丈夫對於這種不切實際的虛榮，表現出明顯的厭惡。破壞兩人和諧的還有其他因素，作者的太太似乎有比較強烈的性欲，而作者本身並不在這種事情上過度操心。

然而，他們婚姻中頗具破壞性的影響是，作者全心投入的興趣和活動，是他無法與太太分享的，而她十分猜忌這一切：他的繪畫是其中一項，但更多時候是神祕學及其伴隨的事物，這兩者分散了他對她的注意力，而她又是那麼自我的人。除了上述原因之外，她還得應付他的不守時，讓人困擾的健忘症：他忘了人體內是有生理時鐘的，即使是一家之主，也不能在最不合時宜的時候要求用餐，否則會打亂整個家庭的平衡。

或許有人不禁納悶，一個具備這麼出色的心靈能力的人，為什麼在婚前無法洞察妻子的性格，並預感到這段婚姻可能不會平順？但是在這裡，我們遇到的是心靈性格上的一種奇妙諷刺，只有最高深的能手才能預知自己的命運。事實上，預測類型的通靈術相當微妙，倘若通靈者對與其自身有關的預言抱有任何「希望」的想法，也很容易成為影響的因素。

講到作者未能從未婚妻的光環中洞察她的性格時，必須記住，陷入愛河的狀態會大大改變光環的光芒——即使是暫時性的；即便是平時很自私的人，當他所有的思緒都集中在另一個人身上時，也會在很大程度上變得無私。

現在讓我們回到主題。這段不美滿的婚姻維持了九年左右，然後因為一個悲劇而突然結束，當時他太太希望生一個孩子，但母體似乎不適合這種情況。根據作者的信件和我從第二任 X 太太那裡所了解到的，作者有預感這個孩子會流產（在這個例子中被證明是正確的），並使母體的生命受到威脅。但因為她太渴望擁有孩子，而且醫生認為這有益於她的健康和幸福，所以他的意見被否決了，結果她在三十歲那年去世。

與此同時，在他婚後大約七年的時候，作者遇見了一位更富有同情心和體諒能力的蘇格蘭女孩，她注定成為他的第二任妻子。

事實上，他們之間建立了密切的友誼，有時候他很頻繁地寫信給她，而且篇幅很長，幾乎可以算得上是日記了。

但不幸的是，他在成年後所表現出的粗心和不重視細節的敷衍心態，導致大部分信件都沒有日期，只提到星期幾。其中許多信件都是在他獨自出國旅行時寫的，他神經質的妻子並未陪同，因為她抱怨旅行太令人疲憊，根本無法好好享受。不管她說的原因是不是真的，那已經不重要了。

無論如何，她的丈夫顯然常常到歐洲大陸旅行，構成本書最後部分的正是從他的「旅遊書信」中擷取出來的內容，再加上第二任X太太從被當成廢紙的垃圾堆中挽救出來的一、兩篇備忘錄。

撇除一些零星的記事，大部分的精選內容都與心靈事件和哲學思考有關。

——西里爾．史考特

即便是一個擁有強大通靈能力的人，也無法保證能擁有比一般人更好的人生際遇或命運。

第二部

筆記、信件紀錄

以下擷取自一本筆記本，顯然發生於作者第一段婚姻的頭幾年

日期不詳

我們的婚姻顯然是失敗的，而且已經到了無可挽回的地步。我從未向E. B. 抱怨過這一點，但是今天在我冥想過後他突然出現，我很慚愧地說，我有點兒失態了。為什麼他不曾警告我說，我不是能為J（是作者的第一任太太）帶來幸福的人？我承認，他的答覆讓我感到有點兒難為情。

事實上，他說：「我們這些兄長的存在不是為了幫學生逃避因果定律，你和你的妻子之間有些因果要償清，若是我事先警告你，我就破壞了因果定律之神的計畫了。當然，這是絕不被允許的。孩子，你已經踏上了這條道路，就必須走下去。你可以想一想，為什麼在通過第五次啟蒙之前，除非在罕見情況下，否則通靈者通常不被允許預見自己的命運？預先警告等於預先有了防範。我已經回答你了。祝福你，孩子。」他微微一笑，然後便消失了。

E. B說通靈者通常不被允許預見自己的命運，應也適用於一般人，值得省思。

致G小姐（後來的第二任太太）的信件

……美麗的風景被可怕的煞氣所破壞，在過去的某個年代，他們一定在這條海岸線上施了很多黑魔法，好比在汙水坑上點一柱香，惡氣無法透過調解的手段來驅散。

昨天我從馬賽過來，那裡是個墮落沉淪的地方。我觀察到一件有趣的事，在那個地方的後山上有一些自我奉獻的神靈，他們吸收了城裡所有的汙穢煞氣，淨化之後再排出來⑮，否則馬賽恐怕就要被可怕的災難襲擊了……下週我應該去蒙地卡羅到處看看。

⑮已故的查普林夫人（Mrs. A. Chaplin）是一位優異的通靈者。她曾在一九二〇到三〇年期間造訪里維耶拉地區，對馬賽有類似的觀察，和日記作者在他的下一封信中所提到的相似。她是其中一位「兄長」的學生，從未把她的能力當做一種專業技能來使用，是一位品德高尚的女性。

蒙地卡羅，摩納哥 星期四

……這個地方真是天堂與地獄的結合！妳不會明白那種心靈上的感受是什麼樣子。我頂多只能忍受兩天，然後迫不及待地前往義大利……

這些山上的神靈和馬賽那裡的不一樣，他們比較置身事外。要不是在這裡能聽到許多美妙的音樂（無疑對淨化作用產生了有限的影響），我相信當權者早就把賭場燒毀了。或許最後還是會發生的，也或許這個地方會變得沉淪。在這種情況下，火和水是唯一的持久淨化者……

佛羅倫斯，義大利 星期二

我好喜歡義大利，它有各種大大小小的教堂、修道士、修女和神父！不過其中有些人卻是好色之徒。

下午我搭乘巴士的時候，我看到一位漂亮的英國女性正準備坐到一位神父身旁的位置，他卻把自己的手放在她的座位上，等她坐下來。當然她跳了起來，狠狠地瞪著他，於是對方又陪笑臉又道歉，假裝他不是故意的。

但我能夠看到他討人厭的紅色光環，知道事實不是像他說的那樣。要是神父能獲得允許而結婚，情況或許會好很多。為什麼他們要被剝奪性事方面的感覺？他們畢竟只是個凡人啊！

我會喜歡住在這裡的，但這不是我的果報，我已經在義大利經歷過一世了，當時的我是個修道士。

昨天當我在菲耶索萊醒來時，我憶起了那一世的事情，不過故事太長了，無法在此信中詳述，況且現在我很疲倦……

今天我去逛了一間美術館，確實，基督教過去一直給予畫家們莫大的啟發。不過，我有一種不好的預感，這種情況來日無多，未來也不會出現更多的教宗。宗教興衰無常，它們在完成使命後便消失。

我認為，未來最受歡迎的異教之一將是通靈學——當然，前提是人與靈的溝通技術有了莫大的改進。至於神智學的未來，我並不是很確定。喇嘛說，兩名兄長曾經試過，但多多少少只把它當成一種實驗來嘗試。

我並未懷疑其真實性——我知道神智學是真實的，但是當不再有一位兼具魅力與實力的強大領袖來引導時，人們對它的反應也許是另一回事……

貝拉吉歐（義大利湖畔）星期五

……我在星期二抵達這裡。我希望妳在我身邊，一起享受這個地方優美迷人的景致，「目光所至之處皆是美景」，這裡的人並不汙穢邪惡，只有和善與單純……我又在思考關於宗教的事情了。

在卡代納比亞，有一個小禮拜堂高懸在大峭壁上。在搭火車來的一路上，我不知道看過多少像這樣的小禮拜堂不是豎立在山頂上的，那對我來說，是我所懷念的、在英國山丘上的一種裝飾。

這時，我唯一能想到的是位於吉爾福德附近的聖馬大禮拜堂，還是聖馬丁禮拜堂？我忘了。不過沒關係，總之我要說的是：如果不是因為宗教，我們一生中恐怕會失去許多的詩情畫意。

正是教堂的尖塔或教堂的塔樓，為每個村莊增添了一抹詩意；正是在晚風中迴蕩的教堂鐘聲，為靈魂提供了如詩般的音樂。難道這許許多多美麗的事物不能成為「永遠的喜悅」嗎……

我剛剛聽到一個聲音對我說：「孩子，別喪氣，我們會不斷激發出某些形式的宗教來滿足人們的需求。但現在，我們並不知道在接下來的幾百年裡，大部分人類在道德和精神層面上將如何發展，那我們又怎麼能預測得到宗教確實該採取什麼樣的形式呢？到目前為止，只有相對少數的人開始實踐約兩千年前耶穌基督的教誨。由於愚昧地漠視道德和精神法則，人類不久後將陷入巨大的苦難之中，如此，他們才會透過經驗去學習那些他們拒絕透過智慧學習的事情。」

我必須說，那真不是個好消息。

我很好奇那個巨大的苦難會是什麼？最好不要是戰爭！我們或許愚昧，但我們會愚昧到那種程度嗎？我們才剛經歷了一場戰爭，而這場戰爭是否真的對我們的聲譽有所幫助，我一點也不確定。

我可以對妳說這些話，但對於一個打壓像波爾人這種小族群的強大帝國來說，其真正的動機是貪財，就好比一個壯碩的男人毆打一個女人，因為他無法引誘她，讓她給予他想要的東西！

巴韋諾，義大利　星期一

……我一直在閱讀亨利．詹姆斯的作品。

如果盡可能用很大的篇幅來描述很少的內容，是成就偉大作家的一門藝術，那麼詹姆斯會值得這項榮耀。

然而在我看來，之所以用長篇大論去陳述事情的唯一理由，應該是你能夠用有趣的方式來表達，但要是我能從詹姆斯的作品裡看到一絲一毫的幽默感，那才怪呢！他有些文字寫得非常隱晦，令我不禁懷疑它們可能含有極不雅的意思。

（E. B. 剛剛透過心靈感應的方式，以寬和的態度駁斥了我的言論〔有關不雅的事〕。他說，在大自然中並不存在不雅的事情，只是我們的錯誤態度讓我們覺得它不雅，而這種錯誤的態度主要來自於我們的虛榮心。有些事情我們認為是不得體的，所以我們企圖掩蓋它們，並稱之為「不好」。我們仍然需要學會不要做這種偽君子，以純淨的眼光來看待大自然……

說得多麼真切啊。但我們英國人為自己的偽善付出了多麼沉重的代價，在「祖國」，妓女要定期接受警醫的檢查，而在英國，我們則企圖假裝妓女不存在。結果，性病擴散，梅毒的散布比文明的散布更快！）

我個人認為，用很文雅的方式表達極不雅的事情，比用模棱兩可的方式掩蓋需要更高超的技巧，就像亨利．詹姆斯那樣。表達的手法不是幽默風趣，就是單調乏味，但我又有什麼資格在這裡放肆批評呢？我年輕時想寫作的抱負，就跟其他荒謬可笑的抱負一樣，已經逐漸消褪了。

我突然「感應」到，在上一世我是一名作家，並且將寫作的渴望帶到了這一世。這解釋了為什麼我能堅持寫日記這麼長久的時間，若換成其他年輕人，可能早就對此感到厭倦了。

然而，我這一世的目的並不是要成為一名作家，而是培養通靈術，並且對人們有所幫助，此外，也要培養我的繪畫能力。

講到我已逝去的文學抱負，我感覺，當人們在生命中的某個時刻對寫詩、作曲或繪畫產生強烈而短暫的瘋狂熱衷時，那只是因為他們在前世裡曾經做過這些事情。但為什麼這種渴望會在特定時刻浮現，目前我不打算弄清楚——這可能與星象的影響有關——但總有一天我會好好思考的。

我發現在這個小村莊裡很難得到足夠的睡眠，首先是這裡的教堂每隔十五分鐘就敲起響亮的鐘聲，此外，這些聲音洪亮的義大利人似乎老是在我的窗子下激烈爭吵，直到天空破曉，但事實上，他們只是在聊天而已！

日記的內容不時會提到，一個人的好惡、興趣、性格、專長、思想觀念、信仰等等，都會受到前世的影響；同樣的，此生對某事物的培養或傾向，也會對來世產生影響。

盧加諾，瑞士　星期六

……我剛剛收到J的冗長來信，信中充滿了抱怨，她希望我趕快回去。但等我回去之後，她只會跟我大吵大鬧。

我是那種不在的時候J會欣喜、在的時候惹她不悅的丈夫。由於我不能同時在場和不在場，所以這種窘況沒有辦法解決，到現在還是這個樣子。

雖然我不想離開我喜愛的義大利而返回倫敦，但有其他的事情足以彌補，其中之一就是能夠再見到妳。況且，還有很多人都需要治療。另外，A手上有幾份文件要我簽署，我真的快被煩死了。

我相信，假如我必須靠勞力賺錢維持生活，我應該會住在小屋子裡，而不是像現在一樣把時間浪費在想辦法聚積財富上。

這讓我想到，我還沒回覆妳的問題——妳朋友想購買我畫作的事。她可以為了賞玩而收藏它，但不要是為了錢。我已經下定決心，我絕不會販售任何一幅畫（我回家之後會為她把畫拿出來）。我作畫是為了愛，並不是為了汙穢的金錢，就當做是我對生長在富裕環境中的回報。

有趣的是，在我寫完前面的幾句話後，喇嘛突然現身說：「如果你在前一世裡沒有因你的慷慨而獲得這樣的環境，現在你就不會處於這種環境之中。這便是你們的《聖經》中所要表達的深奧意義：『要怎麼收穫，先怎麼栽。』」然後他接著說，每個真正的藝術家其實都是不自覺的因果瑜伽修行者，因為他為藝術而工作，不去擔心回報……

這間旅館裡有一個人患上可怕的疾病，我想應該是瀰漫性硬化症。我問喇嘛，人在上輩子做了什麼壞事才會導致這麼可怕的情況？他說是殘酷不仁，這個人在前一世是異端審問官。生來駝背也是殘酷不仁的報應。

但我問，如果報應的承受者不記得，那這一切又有什麼用呢？他說，肉體的大腦也許不記得，但「靈魂」會記得……

有一件關於拉丁民族的事我不喜歡，那便是他們對待動物的殘忍方式。然而，從他們的光環看來，他們並不是真的殘忍，只是缺乏某種特殊的想像力，那當然會對最終的果報造成全然不同的影響。不過，有一件事情一直讓我感到困惑。動物有彼此獵食的天性，這似乎並不符合神明的仁慈原則。但喇嘛說，不然牠們要怎樣才能進化呢？牠們透過這種方式學會了一定程度的靈巧，這有助於培養牠們的技能。動物不像有些人類會故意施虐，因為牠們並未意識到虐待本身的意義。一隻貓玩弄老鼠，就跟牠玩弄著一卷棉線同樣快樂……我從未想過這一點……

這裡有一個義大利女孩，她美得實在惹人愛憐，美到令我動心，直到我聽到她的聲音。這就是問題所在，這裡許多女性的聲音幾乎跟喇叭一樣。有些男性長得玉樹臨風，而有些人看起來像殺人犯，但其實相當無害。

以下內容擷取於次年所寫的信件

巴黎 星期一

……能再次和所有的藝術家老友們相聚，我感到非常開心。但我發現，這個「小便池和妓女之城」的氛圍對我目前的心境造成了相當大的困擾，所以我決定下週就啟程前往西班牙。

寫信給我時寄到托雷多郵局，存局候領……

我預知，未來的繪畫會呈現出愈來愈多「低階」星界層的風格，從那混濁的色彩和種種因素來看，趨勢顯然正在往那個方向發展。這個階段也許會持續約六十年，然後出現復古風潮。

我的許多朋友都認為我的畫太瘋狂了，或許是吧，但對我來說並不會。我所畫的，只是約略反映了我在高階星界層的幻象中所見到的事物，而這對於那些認為只有一個層次——物質層次——的人來說，並不具吸引力。

托雷多，西班牙 星期五

……我快被這裡的跳蚤折磨死了，真的好噁心。我一半的時間都花在抓癢上，我還以為這是一家像樣的旅館……從某些方面說來，西班牙的風景相當令人失望。人們常把西班牙想像成一個色彩繽紛的地方，但那些岩石區都是灰暗且陰冷的顏色……

我一直懷疑在我的前世中，我曾起身對抗宗教裁判所，而今天下午我得到了確認這一點的記憶——必然是這個地方的氛圍喚起了這些記憶。我們聽到的總是那些被綁在火刑柱上或刑架上遭受折磨的不幸者，但很少聽到有人認罪，撤回他們的「異端邪說」，或有人悔過贖罪而得以脫身。

嗯……除非幻象有誤，否則我就是後者的其中之一。因為被懷疑抱持異端觀念——無疑的，我就是有——我被帶到了裁判所，他們有些人看起來窮凶惡極，但並非所有人都如此。其中有一、兩個人真的相信，他們正在用這種荒謬且痛苦的方式拯救靈魂，其他人可能也這麼相信，但他們對殘酷有一種特別渴望的癖好，無論他們自己是否有察覺到。那些烈士顯然或許有些高傲地把自己的信念看得非常重要，甚至願意犧牲生命，而我對整個事件的態度似乎與他們截然不同。

事實上我早這麼想過，大多數烈士只是喜歡自我宣傳。總之，對殉道的渴望是一種微妙的虛榮心作祟，但他們自己並未意識到這一點，談到這裡，又有誰真正了解自己呢？順帶一提，E. B. 說不久的將來會有一門全科學——與自我實現有關的「成長歷練」……不過這離題了。由於我當時的信念是屬於祕密進行的，並不適合一般世界，若我接受了火刑柱的懲罰，甚至經歷「較輕微」的「不愉快刑罰」，那種烈士壯舉只是純粹的浪費！

其實，走出這個困境的方法相當簡單，我主張，這些人的荒謬假設與孩童的見識相差無幾，或者更糟，他們認為通往上帝只有一個途徑，即通過「聖教會」。因此，最簡單的辦法就是向他們示好，就像對待相信幼稚童言的小孩子一樣。當這些愚蠢的傻瓜向我說了一個巨大的謊言時，我又為什麼要對他們誠實？所以我假裝被他們震撼人心的論點完全征服，此後將放棄我曾抱持的任何異端觀念。他們是一群虛榮的狂熱分子，當然對這個結果感到十分滿足，而我為曾懷疑教會而必須接受的處罰也變得相對輕微。

別以為我是在自我吹噓——特別是有些人可能會說我是懦夫，這也許是對的——但我認為是我幸運地不自負而救了自己。因為，當一個人想像自己擁有絕對的真理，並且十分確信這一點，以至於他願意為此被活活燒死，或是讓他的四肢脫臼且在這一生中永遠接不回去，我認為這是一種自負的表現。這種對神明的觀念是多麼的天真啊！上帝會這麼小心眼，擔心人類用什麼形式接近他嗎？然而，教會在其整個歷史中如何都擺脫不了的罪過，就是愛好權力。即使在那些日子裡，我似乎也意識到了這一點。

還有一點，儘管我覺得找到適當的詞語去表達是有些難度的：我的意思是，假如妳對某件事情懷疑得夠多，妳就不怕假裝相信它。在聖誕節時，妳會不會為了小姪女而假裝相信聖誕老人（我猜他是一個人吧？），卻又感到害怕呢？不會，因為妳很清楚地知道，不管妳信不信，那對聖誕老人來說根本不重要。這件事已經聊得夠多了，如果想到任何相關的事情，我過幾天會再寫信的……。

長大後的小男孩對成人的世界有許多思辨，也對教會專制、迂腐思想，乃至被教會迫害的異端殉道者，皆有更多個人的批判與反思。

馬德里　星期三

……我妻子寫信給我，說她懷孕了。

這個消息讓我很擔心，正如我告訴過妳的，我一直有預感，生孩子對J來說並不是件好事，但是我仍然被醫生說服了。當我向E. B.問起這件事的時候，他不予置評，他說一生中從不冒險的人，是不會有成就的。當然，他說得很有道理，但我對整件事情仍然感到不安……

昨天我遇到一個修道士，我很驚訝地發現他是英國人。這太令我好奇了，於是我開始以心靈感應的方式來估量他。

我所感受到的是：他是懶散的靈魂之一（我用的是「靈魂」這一詞的字面意思），浪費了這一世的生命，只是在重複上一世的經歷。

如果他履行了他的職責，他應該是一個活躍的商人，積極地參與人間的事務。但由於他太嚮往上一世的寧靜與平和——當時他是一名方濟會修士——所以無法抵擋再次脫離世俗的誘惑。

當然，他並不知道這一切，而我也不能就這樣告訴他，因為他肯定不會相信我，而且他也許會認為我是魔鬼派來的使者。

今天晚上喇嘛出現了，他說我對於那位修道士的判斷是對的，還有很多懶散的靈魂都以同樣的方式來逃避自己的職責。但他們對於自己所做的選擇並不滿足，因為在他們內心總是有一種無法解釋的衝突存在。

這也說明了，為什麼我可以從這個人的光環中看出他並不是真的快樂。很有意思，不是嗎？

修道士的前世今生故事，對於許多追求靈性修行的人頗具啟發性。作者與喇嘛覺得這位修道者應積極參與人間事務、履行在世職責而非再度試著脫離世俗，乃至成為懶散的靈魂。一個人如果能尋得並履行這一生的職責，靈魂才能獲得真正的快樂與圓滿。

馬德里　星期天

今天我去參加大彌撒，看看我能感應到什麼，我確定在儀式中有一種類似東方寺廟的建築在純化的物質中逐漸形成，當聖體升起時會召喚出一個巨大的神靈，它的光芒照耀在所有的與會者身上。

能看到的人會覺得這一切非常美麗，但崇拜者能獲得多少益處，很大程度上取決於他們的回應能力。

我周圍有些光環明顯地受到正面的影響，但有些就少得多了……

鑒於Ｊ來信說她遇到了「有趣的情況」，我決定比原定計畫早一點回家。希望大約在一週之後能見到妳……

以下擷取自作者在第一任X夫人死後所寫的信件

倫敦 星期天

……我從妳飄向我的思緒中感受到，妳旅居於這個國家的期間過得很開心，對吧？……L和F（兩位共同的朋友）正陷入熱戀中，並決定要結婚。從他們的光環裡，我看出他們並非真的匹配，他們的婚姻不會是成功的。

我警告過L，但她不肯相信我，所以顯然這是他們的果報使然，他們注定要結合在一起，然後後悔莫及。

我感到很遺憾，但又能怎麼樣呢？我甚至多管閒事到跟那個女孩說，就算她做P的情婦也好過受到婚姻的束縛。不用說，她被我這種不體面的建議嚇壞了！

我很肯定的是，當他們生活在一起一段時間之後，他們很快便會發現，那種浪漫陶醉的感覺正在消退，他們並不是彼此的靈魂伴侶。

我得到的結論是，當有些人墜入愛河時，他們會接觸到彼此更高階的自我或靈魂，並且無視於對方的「個性」——即較微妙的身體層面，而這種層面暫時被戀愛向上提升的能量振動淨化了。這很難以言語表達，但妳能了解我的意思嗎？不用我說妳也知道，當人們陷入那種盲目之中時，整個情況都是果報使然（就像J和我一樣），而他們沒有意識到這一點，終其一生都會糾纏在一起。

妳可能會問，那麼我為什麼要試圖阻止L和F的愚行？但妳也可以問：為什麼試圖救一個溺水的人呢？答案很明確就是：如果妳能拯救他，那是他的果報使然；如果妳不能，那麼他的果報就是溺水。希望我對L和F的預感是錯的，但恐怕我是對的。

（第二任X太太：我丈夫對J的預感最後證明是對的。）

凱西克，英格蘭 星期天

（寫於作者的第一任妻子死後數月）

……請時常為J祈禱，就像我一樣。她在「星界層」仍然過得不快樂，無法適應一個沒有世俗感覺的生活！這是我老媽在聯繫過她之後告訴我的（第二任X太太：我先生的母親在他第一次婚禮過後幾個月便去世了）。J還是固執地跟我保持距離，因為如妳所知，她在人間的時候頗怨恨我對通靈的事情感興趣。

老媽就不一樣了，她似乎很喜歡偶爾出現「小聊」一番。那很像以前我和我的家庭教師那樣，以他現在的年紀來說，他活力充沛得驚人，他能走得比我還久，而且不會感到疲憊。我這顆無力的心臟可真討厭，尤其是我那麼喜歡爬山，群山在春天的時候多麼美麗呀！真希望妳能夠和我們在一起。

昨晚我們進行了一場定期的「座談」，老人用速記記下了許多訊息。E. B. 告訴我們，J以悲劇性的方式突然離開，是前世殺嬰的果報所致，所以看來我成了果報的間接工具。這種想法並不愉快，但E. B. 露出燦爛的微笑說：就算沒有我，也會換成別人的。

我附上我親愛的老友用速記寫下來的文字。如果妳很有興趣，可以把內容謄寫下來，但請將正本歸還，因為派特摩爾先生希望把這些納入他的收藏。

E. B. 說：

「孩子，在這充滿兄弟之愛與和諧的氣氛中，我很高興能再次對你們兩人說話。不久前，我其中一位兄弟告訴你——較年輕的這位——人類即將遭遇巨大的災難。這是為了迎接新時代的來臨，而你們的《聖經》中已預言了這一切。簡單地說，大約四十年後這個時代即將終結，它衰亡的痛苦和新時代誕生的痛苦，將伴隨著心智未開化的靈魂和肉體的許多苦楚。要是人類有將聖賢的話聽進去，不企圖用自私的命令、謊言、虛偽和武力統治世界，這些痛苦本來是可以避免的。但已經發生過的事情，後來是不可能改變的，人類種下的惡因，必定很快結成痛苦的果實。

孩子們，我告訴你們這些，不是為了讓你們擔憂，而是要你們準備好，在我請你們思考的事情上做決定。

當巨大的苦難降臨，世界將陷入黑暗之中，那時，我們這些屬於——構成淨光大會所的——右手路徑的白魔法啟蒙者，必須考慮採用新的軀體——西方人的軀體，並且離開目前隱蔽的居所，才得以在眾人之中行走得更自由，也就是說，可以用較屬於物質的方法進行困難的重建任務。

我們希望聚集許多學生，到時候他們不會像以往一樣只是在精神層面與我們接觸，也會在物質層面與我們接觸。但孩子們，這對你們來說需要付出某種程度的犧牲。在你們各自的轉世之間，即在我們可以稱之為天堂的地方，你們停留的時間將被縮減。因為這表示在脫離目前的軀體後，你們必須比你們預期的更快回到人間，去經歷各種困難和限制。基於這個緣故，趁你們還在人間的時候，我要求你們考慮做這種犧牲。記住，我們這些兄長絕不會命令或勉強，我們只會建議，這些建議會不會被採納或漠視，往往關係著我們未來的決定。

孩子們，我們確實也有自己的問題，儘管我們超越了你們所熟知的悲傷和痛苦，然而，要如何好好地引導和幫助那些常掉以輕心和桀驁不馴的子民，對我們的智慧來說往往是重大的考驗。因此，我們需要那些擁有相同志向但尚未具備相同力量的學生的幫助……但這還不是全部。當這個時代結束的時候，新的宇宙力量將從較高的層級降至地球的光環中，因此我們和較高階的學生會需要掌握新的磁場能量。」

E. B. 還告訴我們跟這種新力量的效應有關的一些事情，但要求我不要把這項訊息寫下來。然後他問我們有沒有問題，於是在告訴他我們會照著他的要求去做之後，我提出問題：「為什麼你不能用你目前的軀體來見我們？為什麼你必須使用新的軀體？」

他回答：「因為我們目前所使用的軀體，由於太敏感而禁不起俗世間粗糙的能量振動，所以並不適合去達成這個目的。在當前的時代裡，它們在我們所處的環境下為我們服務，而且我們未來還會繼續使用一段時間。但是在即將到來的時代中，我們必須為了已改變的環境和在進化中繼續前進而調整自己。孩子們，一切都在不斷的變化。在顯現的宇宙中，沒有任何事物是靜止的，即使是太陽聖靈也還沒達到最終的完美，必須在這個太陽系進入休眠狀態之前經歷進一步的啟發，然後我們將如同你們的《聖經》所言，在『天父的懷抱』中安息……現在我必須離開了，但我的兄弟在此，他有幾句話要向你們說。」

喇嘛說：

「你們好，我的兄弟，不過我要說的話會和較年輕的學生有比較大的關係。我的兄弟，在未來的日子裡，你要保持身體健康，因為當巨大的災難降臨時，你有重要的工作要完成。不要為你身體的痛苦而悲嘆，有一天你會慶幸，並且把它視為一種祝福。不要問我為什麼，等時機到來時，你會明白的。

至於你，較年長的兄弟，你為我們的服務所做的貢獻，以及你為身處於黑暗中的人們帶來啟蒙，我們感到很開心。當你覺得其中有些人沒有回應時，不要灰心，因為你的付出會以你所不知道的方式帶來最終的成果。現在我必須離開了，再見。」

長老與喇嘛為當時的未來，提出警示與忠告，不知是否是指第一次與第二次世界大戰？而這也顯示無形的高靈能給予心靈智慧與慰藉，但似乎也難以改變真實世界的因果法則。

多爾蓋萊，威爾斯 星期二

……威爾斯的氛圍有助於喚起過去的記憶，尤其是與威爾斯本身有關的記憶。我得知在某一個前世中，我是威爾斯吟遊詩人，這在某種程度上解釋了為什麼我在這一生中熱愛音樂，並對豎琴有著特別的喜愛——除了管弦樂隊之外，音樂家通常都比較看不起豎琴。好吧，我承認豎琴的高音聽起來有些尖銳，但我當時所使用的豎琴是一種小型樂器，且完全不同於現代型式的笨重，我不用煩惱該怎麼把它拖來拖去。

那一世的生活並不缺乏刺激，我似乎是個有點直言不諱的吟遊詩人，有時候我會無法克制地批評某些族長——如果他們確實是族長的話，因為我只能從景象中看到這些事情。而在這些威風凜凜的紳士之一，其妻子似乎對我產生了愛慕之情，並激起了她丈夫的嫉妒，他想用「除掉」我來做為報復。下次見到妳時我再說得詳細些。

這家旅館住著一個愛喝酒的女人，她被她的酒鬼兄弟附身了，而這個兄弟是在喝醉的狀況下被撞死的。為了測試我感應力的準確度，我把話題帶到了「通靈眼」，問她相不相信這種事。她的答覆是肯定的，儘管她承認自己對此知之甚少，我問她是不是有個兄弟遭遇了致命的事故。她非常驚訝，回答說是，然後她想知道我還能告訴她什麼（人們總是喜歡找別人算命），她問我能否看到未來，我問她想知道什麼特別的事情。

於是她跟我說了一個冗長的故事，半真半假，她聲稱自己的丈夫很刻薄（我從她的光環中看出她在欺騙我），因此她愛上了另一個男人（這是實話），但這個男人並沒有如她所願地回報她的感情，或者假裝拒絕，因為她是有夫之婦。

她問，最後這一切都會好起來嗎？這讓我陷入了困境。我很難告訴她，因為她有酗酒的習慣，讓自己的外貌令人反感，所以沒有人願意接近她。我也很難告訴她，在引起異性的愛慕之情這方面，她的年紀實在是大了些。事實上，我想她只有四十四歲左右，但長期酗酒使她的毛孔擴張，相貌看起來比實際上老得多。

此外，酒精顯然解放了她的話匣子，她可以從日出一直講到日落。男人不喜歡過分多話、用千奇百怪方式說著同樣事情的女人！自我主義的男性喜歡願意傾聽且偶爾發表意見的女人！

儘管如此，我得知她的丈夫對她仍然保有一絲情感，並試著忍耐和容忍她的缺點；而另一個男人只是在利用她，把她當成一個旅館老闆娘，讓他有豐盛的晚餐和足夠的酒水可以享用，並且繞著他打轉，討他歡心。對於安慰一位可憐的女人來說，這並不是一個很有幫助的發現。怎麼辦？我真的不知道該說什麼。

幸運的是，在我感到為難的時候，「神明」安排了其他客人進來，結束了這次的「諮詢」。謝天謝地，這位女士明天就要離開了。在這段時間裡我會避免與她獨處，因為我除了勸她少喝點酒之外，什麼也做不了！我一點兒也幫不了她。我無可救藥的幽默感可能會讓我聽起來有些輕浮，但妳知道，我內心深處對種人感到極度同情……

這讓我想起，我收到了來自加州的B太太的來信，她提到，那裡有一位醫生用電擊來驅除糾纏人的東西[16]。那非常有趣，我正寫信給她，請她提供更多詳細的信息給我。

我整個上午都在一個僻靜的地方觀察工作中的大自然精靈，這裡能觀察的數量很多……

以下擷取自一九一四至一九一八年戰爭期間及戰後的信件

是的，我也想妳。但妳離開倫敦到妳爸媽那裡待一陣子肯定會比較好。結束了此次短期造訪的幾週後我就去找妳。但在此期間要冷靜通達、堅忍不拔，就像我面對周遭瘋狂和悲慘的環境一樣。

這該死的事件讓我憤怒的不是它的邪惡，而是它的荒謬愚蠢。我們是文明人還是野蠻人？前幾天有一群學童被炸死，這就是解決爭端的方法嗎？

---

⑯這指的似乎是卡爾．維克蘭博士（Dr. Carl Wickland），他後來寫了一本啟發性的書《與亡靈同在三十年》。他發現許多患有奇怪的心理問題、甚至身體問題的人，是被亡者的靈魂糾纏，於是他發明了利用電流來驅除那些糾纏的靈魂。不過，有時候他只需透過談話，便能說服那些靈魂離開。他的妻子具有明顯的通靈能力，總是在工作中協助他。這本書值得研讀，並且應該讓那些認為被「邪靈」附身是一種幻想迷信，或不可能發生在我們這個「開明時代」的人，重新看到這個問題。根據《新約聖經》的描述，拿撒勒的耶穌具有驅逐這種「邪靈」的能力；但新教會對此的態度與它對通靈主義的態度似乎是一致的——即對立、懷疑，或者頂多是含糊不清。

更讓人想不通的是，要不是我的心臟虛弱，不久之後我就會被徵召去用刺刀插入某個德國人的腹部，但對方只是在履行他的職責，就像我們自己的士兵一樣⑰。那些坐在扶手椅上咒罵德國人的「正義憤怒者」不明白這一點，或是不想明白。他們不停地唾罵，彷彿整個「祖國」裡的每一個德國佬都是憎恨英國的嗜血凶手，希望我們每個英國人都從地球表面消失！當我和善地說這不太可能是真的（因為我曾經旅居德國並結交了很多朋友）之時，他們覺得我是親德派或是「可鄙的和平主義者」等等。

從某個角度來看，整個戰爭對基督教國家來說是一次莫大的考驗。現在我們可以看到，在我們之間，誰才有能力在敵人需要愛時去愛他們。不過，假如我們真的是基督教國家，就根本不會有戰爭，但那又是另外一件事了。而且想一想，點燃整個戰火開端的，只是奧地利的虛榮心或自尊心——如果妳比較喜歡用委婉的方式來表達的話……

倫敦 星期四

……我一直太忙和太累，所以好久都沒有寫點東西了。不斷有喪子的母親和心碎的情人跑來找我，她們希望我能與她們已故的從軍親人或愛人聯絡。感謝上帝，這一點我通常做得到，讓她們離開時感到安慰——至少有些人是這樣。但最糟糕的是，我無法每次都為她們帶來與她們的「至親」有關的好消息，因為自然地，其中有一部分人對於突然來到星界層感到極為憤怒和困惑！

但不管怎樣，我通常能傳達一些令人信服的訊息，證明他們確實是本人，這對他們的遺屬來說也算是些微的安慰。

昨晚 E. B. 出現了一會兒，他說，兄弟們都在悲嘆，牟取不當利益的可怕勾當仍在持續進行中。這些人並未從這場戰爭中學到無私，也未能消除壞的果報，相反的，他們正在創造更多果報，為未來播下麻煩的種子。我必須說，這讓人十分厭惡。當戰士們在國外經歷地獄般的磨難時，這些獲利者卻讓家鄉的人們處境更加艱難，提高了生活上的開銷。除此之外，政府以最令人憤怒的方式浪費了公共財。

我愛人類，但我擔心我活著的時間愈長，我會愈來愈看輕人性。照這樣下去，我們實現「人間天堂」還需要很長的時間……

⓱ X 太太的註解：在整理文件時，我剛好看到喇嘛之前說過的話——我丈夫有一天會為他的心臟問題感到慶幸。我想這就是他所指的。參見於凱西克寫的信。

星期一

我剛剛遇到由這場戰爭造成的一大悲劇。昨天，D（一位共同的朋友）很焦急地打電話給我，請我去看一下H（她的丈夫）。自從他從前線回來之後，他對她和孩子們的態度完全改變了，彷彿他們是陌生人似的。除此之外，他整個人似乎也變了——從裡到外和他的性格。

當我（用通靈術）看著他的時候，我驚恐地發現他根本不是H，而是另一個意識佔據了他的身體——在他受到炮擊震驚時進入的。妳知道，H一向是個很消極的傢伙，現在，這就是所發生的事情。

這件事很令人苦惱，我不知道該向這個可憐的女孩說什麼。站在妳面前的丈夫並不是妳的丈夫，而是一個完全陌生的人，這可真不是件好事！當然，對我來說，附身並不是什麼新鮮事，但是這種情況真是太悲慘了。

起初我不知道該不該告訴她實情，所以想找E. B. 尋求他的建議，但聯繫不到他。最近兄弟們很忙碌，在這彌漫著痛苦和「好戰」氣氛的地方，並不容易找到他們。不過，後來我想最好還是把最壞的情況告訴她！但我試著稍微緩和一下這個說法，說也許我們能夠成功地把侵佔者趕出去。不論如何，晚上當我靈魂出竅時，我會試試看。

我與真正的H取得了聯繫，妳可以想像得到，對於他的身體被「借用」這種丟臉的事，他感到非常不悅。這是某一個前世中施行了某種不好的魔法所產生的果報……若有更多有趣的消息再跟妳說……

以下擷取自一九二三年和平條約簽署不久後所寫的筆記

……不用通靈眼也看得出來，這份和平條約是一件非常可疑的事情，或許最後只會帶來更多麻煩。威爾遜總統是會議上唯一的理想主義者，他的十四項原則是受到兄弟們的啟發。

E.B. 是這樣告訴我的，並且用「我們的僕人」來稱呼他。但是我有強烈的預感，那些政客不會遵守他的十四項原則，會設法推諉的。

我注意到嘉文在他的週日專欄中寫道，整個事件的結果會演變成報復，這是遲早的事情。我擔心，恐怕他是對的。我感到這種心靈氛圍並不代表著和平，這個戰爭不會是「終結戰爭的戰爭」，也不會「為了民主而使世界更安全」。

國際聯盟是一個很棒的想法，但我得到的訊息是它會被人利用，充其量不過是陰謀的溫床。政客不會突然變成聖人！

我會把這份備忘錄交給我的妻子保管，看看我是否預測對了。如果未來真的爆發另一場戰爭，我想我可能已經不在了。

星期五

如你所知，長久以來S太太一直在煩擾我，要我陪她去見某位先生。昨天我們終於去了，並且進行了一場「座談」。我跟她說，不要告訴他任何關於我的事情，她答應了。這個人一半是真實的，一半是騙子。當他看不到什麼東西時，他會編造出最荒謬的「心靈恭維」。

他跟S太太說，她周圍有一些奇妙的神祕符號，她是一個非常高階的靈魂，很快就會經歷一次重要的啟蒙……

全都是胡扯！我看不到任何符號，至於她是高階靈魂的事情，根本也不是真的。我所能說的是，她是一個相當體面的老人，僅此而已。

輪到我時，他說我的光環很有靈性，我應該開發我的通靈能力！我在心裡笑了笑，此時S太太看起來有些不自在。然後他告訴我一些我早已知道的乏味事情，最後展開了「稱讚攻勢」。他提到我與非常高階的存在物有所接觸，並在幾個前世裡對神祕學很感興趣。他告誡我要十分注意健康，因為他能夠從我光環的某個區域裡看出，我的心臟不太好，但只要小心照料，我應該還可以活很久。他說我的腎臟也不太好，並且建議我喝歐芹水。

我不會說那具有什麼啟發性，但這位老女士相當滿意，這便是以毒攻毒！一旦心靈論與維持生計糾結在一起，情況就會是那樣。你知道有句拉丁格言：「沒有人能夠在一天的任何時刻都保持明智。」嗯哼，更不可能在一天的每個時刻都能通靈，情況並非總是有利的。

我當然不是說所有的專業通靈者都是騙子，絕對不是。我認識過一、兩個很誠實的人，他們會坦白的說：「目前你沒有什麼事。」或者「我現在的狀態不好，最好等我情況好轉時再來。」……

我們不知道作者為他人通靈時是否有收費，但顯然他對於其他以通靈為生計的人，其能力高低或品格是否真實或欺偽，基本上是很存疑的。

星期二

……今天我在俱樂部遇到一位曾經見過布拉瓦茨基女士⓲的老人，我問他對她的看法如何。他說，她的個性很好，但是個徹頭徹尾的騙子。我問他為何這麼說，他說她以磁場不對或類似的瞎話為藉口，拒絕為他和朋友表演通靈術！但我認為，這個情況反而證明了她不是騙子。如果她只是一個聰明的魔術師，不管磁場對不對，她大可以巧妙的玩弄一些戲法讓你開心。但事實上，她就是因為夠誠實才會把真相告訴你，但他卻看不清這一點，人們太沒有邏輯了！

我告訴他一些關於他自己的事情，一方面是為了好玩，另一方面只是為了讓他謙虛點，讓他對自己的觀點不要那麼自以為是。

因為我從未見過他，所以他對我所知道的事情感到有些驚訝！也許這能讓他稍微多反省一下！

這是作者認為一位好的通靈者應有的態度，也點出一般人為何容易被騙的心態。

⑱ 編註：這是指「布拉瓦茨基夫人」（Madame Blavatsky），全名海倫娜．彼得羅夫娜．布拉瓦茨基（Helena Petrovna Blavatsky），她是俄羅斯帝國的神智學家、作家與哲學家，創立了神智學與神智學協會。

伊斯特本，英格蘭　星期四

我看到老威爾森總統過世的消息。他很失望，因為他們從未好好遵守他的十四項原則，我相信憂愁加速了他的死亡，他是遭到許多誤解的好靈魂。

他生前受到天上的兄弟們的重用，儘管我敢說，他以肉身活在凡間的時候從未聽說過他們。但在夜晚時他會靈魂出竅，去更高的層級和他們接觸。在戰爭期間當我的靈魂出竅時，我曾在那裡見過他一、兩次。

倫敦　星期一

……我希望妳在H家過得愉快。妳會很遺憾聽到我親愛的老家教過世的消息。昨晚他來見我，所以在消息被證實之前我就知道他走了。他的妻子陪他一起來，他們看起來十分快樂。

他在她走後不久也跟上她的腳步離世，對此，我為他感到高興。正如我給妳看過的一些信件裡所寫的，他在她走後感到很失落。不過，當我和她取得聯繫，並且告訴他關於她的消息和幫忙傳遞訊息時，他得到了一些安慰。

我要感激這位老人的事情太多了，在我年幼的日子裡，要是沒有他，我會變得怎樣？他十分了解我的「獨特」之處，從不對我發脾氣。他說，他很高興自己脫離了那付「老骨頭」，在平靜安詳中離去……其他的等妳回來之後我再告訴妳。

老家教指的是派特摩爾先生，作者對他充滿無限的感激。

星期四

親愛的老傢伙又出現了，他告訴我太多事情了，無法在此一一描述。但妳的想法怎麼樣？他催促我把那本荒謬的舊日記——它剩下的部分——付印成書。我說，絕不！他說那會帶來許多好處，並且幫助許多人了解，通靈術不是無聊的想法，也不是騙術。他似乎相當堅持，他還說，在他那邊有些靈魂對於這個想法表現得十分熱切。

聽起來很不錯，但是，天啊，我姊姊肯定會氣瘋的。況且，我並沒有想成為戴西・阿許弗（Daisy Ashford，十九世紀時期的英國作家，在九歲時出版了小說而聞名）那一類的人！謝了，我不！

派特摩爾先生與那些靈魂希望本書能出版，讓人更了解靈魂的真實存在。

以下擷取自寫於一九二七年的一封信

……今天早上我在冥想的時候和E. B.取得聯繫。除了其他事情之外，他特別提到，兄弟們很擔心不久之後會有另一場戰爭⑲，人類還沒學到教訓。我們目前生活在火星週期，這個週期的能量振動往往會激起靈性尚未進化者的激情。

要是人類比現在更先進，這些能量振動會以更高階的方式作用，便不會導致爭辯與戰爭活動。

我想知道自己能不能活著看到這場即將到來的新戰爭，他答道：「孩子，我們不是

⑲這與我認識的一些通靈者在第二次世界大戰爆發前十五年所收到的訊息完全一致。但奇怪的是——令懷疑論者感到欣慰——在戰爭一觸即發之際，通靈者卻聲稱那種情況永遠不會發生。為什麼會出現這麼大的「紕漏」呢？我個人的看法是，或許是靈媒們一廂情願的想法，使他們取得的訊息染上了某種色彩，也或者是星界層的靈魂相信他們可以在最後一刻阻止戰爭。所有這一切都讓我更加佩服這位作者，他對其他層級的居住者的態度完全是合理的。實際上，由於他對他們的了解，他從未將他們視為永遠正確的，而是認為他們和凡人一樣，都有犯錯的可能。

算命師，人們不該準確地看到自己的未來，這會讓他們變得太消極。」（我以前從未思考過這一點，但他說的沒錯。）

E. B. 繼續說，有時候當事情牽涉到在兩個已知的方向之間做選擇時，只有特定的人才被允許得到關於未來的線索（就像我自己偶爾會這麼做一樣）。警告他們某種行為可能會對自己造成不利影響，有時候這是被允許的，但他們要不要聽是另一回事。

他用來表達的措辭比我好得多，不過那就是他所說的重點……老J說我應該舉辦一次個人畫展。我問他為什麼，因為我並不想把那些畫賣掉。他甚至建議我向學院提交一幅作品！才不要呢……

今天我已經做了很多的治療，現在覺得精疲力盡。

（第二任X太太：這是我丈夫寫給我的最後一封信，除了幾個週末以外，直到六年後他過世前，我們再也沒有分開過。）

在最後一封信中，長老傳達出「人們不該準確地看到自己的未來」等訊息，值得細細思索。

後記

這篇後記特別是為了那些思想開明的人而寫的，他們願意相信存在於天地之間的事物，比唯物主義者的哲學體系所能夢想到的還要多更多。

這篇文章中的「主人翁」是一位正直的人，從不為金錢或任何骯髒的目的而濫用自己的天賦，這一點不言而喻。的確，他或許有一些小缺點——誰沒有呢？但這只會令這個角色更迷人。至於在這篇手稿中佔有重要地位的「兄長」，我們有十足的理由相信他是神祕科學的高階知識傳授者之一，被神智學者稱為「大師」、「聖雄」或「大導師」，或相當於瑜伽修行者眼中的「馬哈希」。

這些偉大的存在體在靈性的進化上已遠遠超越「市井小民」，沒有一絲一毫的自私，只致力於引導和教導那些具備必要抱負和資格的人，同時間接但盡可能地提升和影響全人類。大師們用於這個目的的方法之一，是將一個強大的觀念形態投射到心靈空間中，如此一來，能夠對其能量振動做出回應的人，便可以用自己獨特的文學表達方式來對它做詳盡的闡述。因此對於神祕學的學生來說，發現許多作家表達著相同的思想並不足為奇——這些作家甚至可能彼此相距數千里，寫作的主題可能完全不同，或者可能是以完全不同的觀點切入主題。

其中許多作者顯然對神祕學的知識毫無察覺，然而卻對多年來大師們一直在告訴學生的實質內容產生回響。舉例來說，他們指出，雖然國家內存在著秩序，但國與國之間卻是無秩序狀態。這個觀點在哈佛大學史崔登教授（Prof. Stratton）所著的《國際幻象》中有令人信服的詳盡闡述。他指出（正如大師們所聲明的）透過「說謊、欺騙、竊取和殺戮」的系統來統治這個世界的任何圖謀，必定無可避免地導致災難；這個宣言最後變成了血淋淋的現實。

事實上，E. B. 說過「人性顯現於沒規矩的孩子們身上」，這是多麼的貼切，因為只有小孩子才會打架和爭吵，而理智的大人則表現出兄弟情誼……

少數人發展出自行聯繫大師們的能力，只有這種人才能獲得關於高階靈魂及其各種活動的第一手證據。至於那些純潔的靈魂，的確，就像日記作者那種充滿服務精神的人一樣，他們會在適當的時機揭露自己，如古老的神祕學格言：「當學生做好準備時，老師就會出現。」